Cynnwys

Cyflwyniad ar gyfer athrawon..
Pwy yw pwy o blith y beirdd ....
1. 'Hen wlad fy nhadau (ac iaith fy mam)' – 11
   Cerddi ar y thema: 'Cymru a'r Gymraeg'
2. 'I adrodd yr hanes' – Baled 17
3. Cyflwyno bardd: Mihangel Morgan... 24
4. 'Mae gen i bimpl melyn' – Parodïo 28
5. 'Pysgotwr unig' – Soned.. 34
6. 'Gwifrau rhyngom ni a'r gelyn' – 38
   Cerddi ar y thema: 'Rhyfel a thrais'
7. Cyflwyno bardd: Elinor Wyn Reynolds 43
8. 'Deg oed ar ddeg ceiniog y dydd' – 49
   Cerddi ar y thema: 'Tyfu'
9. 'Dyw e ddim yn rhy bert nac yn rhy hardd' – 54
   Cerddi ar y thema: 'Gwlad a thref'
10. 'Amser i dewi ac amser i siarad' – Y Wers Rydd 60
11. 'Dwi isio gyrru'n syth i'th galon di' – Uned ar 'Ddisgrifio' 64
12. 'Wrth feddwl amdanat ti' – 69
    Cerddi ar y thema: 'Ffansi a chariad'
Llyfryddiaeth... 76

Diolch

Dymuna'r awdur gydnabod cymorth a chydweithrediad nifer o athrawon a dosbarthiadau y cafodd gyfle i gydweithio â hwy wrth ymweld ag ysgolion ledled Cymru. Diolch hefyd i'r gweisg a'r beirdd am ganiatáu inni ddefnyddio'u cerddi yn y gyfrol hon.

Diolch yn arbennig i aelodau grŵp monitro'r prosiect o dan ACCAC am drafod y testun ac am sawl awgrym gwerthfawr:

Helen Adler (cydlynydd ACCAC)
Marc James
Eirian Williams
Aled Prys Williams
Gaynor Watts Lewis
Gwyn Tudur

Cyflwyniad ar gyfer athrawon

Wrth ymdrin â barddoniaeth, rydym yn ymwneud â'r pleser o drin geiriau mewn sawl ffordd ddiddorol a dyfeisgar. Mae'n bwysig pwysleisio'r pleser sy'n perthyn i'r grefft a'r mwynhad yn y darllen fel ei gilydd. Unedau i'w mwynhau yw cynnwys y llyfr hwn a gobeithio y bydd y pleser hwnnw'n ymestyn i'r chwilio a'r canfod sydd ynghlwm wrth yr ymarferiadau.

Mae *Sach gysgu yn llawn o greision* yn cyflwyno deunydd a fydd yn seiliau i sesiynau barddoniaeth ar gyfer CA3 yn bennaf. Ar y llaw arall, mae yma gerddi a rhai unedau cyfan y gellid eu defnyddio gyda disgyblion hynaf CA2. Mae'r unedau yn cynnwys:

1. Casgliad o gerddi ar un thema benodol.
2. Cyflwyniad i gefndir bardd, detholiad o'i gerddi a chyfweliad.
3. Ymdriniaeth â mesurau penodol.
4. Tynnu sylw at nodweddion a ffurfiau arbennig sydd i'w canfod mewn rhai cerddi.

Gellir defnyddio'r gyfrol hon, wrth gwrs, fel blodeugerdd a dewis cerddi ohoni yn ôl eich ffansi a'ch mympwy. Ar y llaw arall, mae'n ddefnyddiol dilyn trefn yr unedau gan fod cyfle i gymharu gwahanol agweddau at yr un testun.

Darllen cerddi

Argymhellir bod y disgyblion yn cael eu cyflwyno i'r cerddi drwy ddarlleniad llafar gan yr athro. Mae darlleniad da, sy'n mwynhau rhythm a sain y llinellau, effeithiau dramatig a.y.b. yn gymorth i'r gwrandawr fwynhau a deall cerddi. Mae paratoi yn bwysig. Yn nes ymlaen, caiff y disgyblion gyfle i ddarllen cerddi yn uchel ar eu pen eu hunain ac mae'n bwysig eu bod yn medru gwerthfawrogi'r gwahanol batrymau a ddaw i'r amlwg mewn darlleniad da.

Trafodaeth

Ar ôl y darlleniad cyntaf, mae'n bwysig bod unrhyw faen tramgwydd fel gair anodd neu ddieithr yn cael ei esbonio. Mae rhai o'r cwestiynau yn yr ymarferion yn arweiniad i drafodaeth gychwynnol ar ddeall y gerdd. Gellir trafod y rhain yn llafar cyn mynd yn ôl at y gerdd a gwneud unrhyw waith ysgrifennu arni. Dylid cofio hefyd nad dealltwriaeth gair am air o'r gerdd yw'r bwriad – mae sain a rhythm a lluniau rhai llinellau yn cynnig digon o fwynhad ynddynt eu hunain a bydd y disgyblion yn medru cael gafael ar yr ystyr heb fedru'i esbonio'n llawn mewn geiriau.

Ymarferion

Mae amrywiaeth o dasgau wedi'u cyflwyno, rhai ohonynt yn ymestyn i bynciau a meysydd ehangach na iaith a llenyddiaeth. Ambell dro, awgrymir bod rhai o'r patrymau sy'n cael eu cyflwyno i'r disgyblion yn ffurfiau y gallant hwy eu dynwared eu hunain. Mae'n syniad da defnyddio canllawiau pendant wrth eu hannog i greu barddoniaeth. Nid yw'r hen syniad o roi testun neu thema i'r plant yn ddigonol – rhaid eu dysgu sut i fynd ati i roi geiriau at ei gilydd a llinell wrth linell. Gobeithio y bydd rhai o'r awgrymiadau yn yr ymarferion hyn yn gymorth i hynny. Mae cyflwyno eu gwaith eu hunain ar lafar – i ddosbarth arall, neu i weddill yr ysgol efallai – yn ysgogiad da i sgwenwyr ifanc yn ogystal.

Y peth pwysicaf i'w gofio yw bod barddoniaeth yn gyffrous ac yn llawn dychymyg. Mae cerddi yn gallu ein cyffwrdd, ein gwefreiddio a pheri inni feddwl. Mae hyn yn wir am blant a phobl o bob oed. Bydd y profiad yn un gwerthfawr. Mwynhewch!

MYRDDIN AP DAFYDD

Pwy yw pwy o blith y beirdd

Ceiriog (1832-87)
Un o Ddyffryn Ceiriog oedd John Ceiriog Hughes. Ymfudodd i Fanceinion i chwilio am waith yn llanc un ar bymtheg mlwydd oed a dechreuodd gyhoeddi ei farddoniaeth yn ystod y blynyddoedd a dreuliodd yno. Daeth ei gerddi a'i ganeuon yn boblogaidd iawn yn ystod oes Fictoria, gyda rhai yn aros mewn bri hyd heddiw. Canodd yn syml, naturiol a theimladwy ar themâu megis natur, serch a gwladgarwch ac ystyrir ei ganeuon ymysg rhai o delynegion gorau'r Gymraeg.

Aled Lewis Evans
Athro yn Ysgol Morgan Llwyd, Wrecsam yw ei alwedigaeth ac mae hefyd wedi cyhoeddi nifer o gyfrolau o farddoniaeth. Ganed ym Machynlleth, ond mae dylanwad Wrecsam a'r gogledd-ddwyrain yn amlwg iawn ar ei destunau a'i gerddi llafar erbyn hyn. Cyfansoddodd lawer o gerddi am fywyd ysgol.

Neil Rosser
Mae'n adnabyddus fel canwr a chyfansoddwr ond ei waith dyddiol yw dysgu Busnes yn Ysgol Rhydywaun, Cwm Cynon. Mae'n gefnogwr brwd o dîm pêl-droed *Y Swans*, fel y gellid disgwyl gan un a fagwyd yn Nhreforys, Cwmtawe.

Grahame Davies
Mae Grahame Davies yn hannu o Goed-poeth ger Wrecsam ac aeth yn ei flaen i ddilyn gyrfa fel newyddiadurwr ym Merthyr Tudful a Chaerdydd. Mae'n cyflwyno cymoedd y de-ddwyrain yn ei ganu a lluniau heddiw sydd yn ei gerddi – mae'r lluniau yn rhai sy'n perthyn i fywyd go iawn, nid yn lluniau neis, 'cardiau post'.

Dafydd Iwan
Mae'n fardd, yn ganwr gwerin ac yn faledwr cyfoes ac mae 'Yma o Hyd!'. Mae'n un o sêr yr adfywiad canu poblogaidd Cymraeg a'i gynnyrch a'i berfformiadau yn ymestyn o'r 1960au hyd heddiw. Mae'r deffroad gwleidyddol a fu yn hanes Cymru a'r Gymraeg yn amlwg yn ei ganeuon a'i yrfa ac mae'n perthyn i deulu barddonol y Cilie, Ceredigion.

J. Glyn Davies
Cafodd ei fagu yn Lerpwl ond treuliai lawer o'i wyliau pan oedd yn ifanc gyda'i deulu yn Llŷn. Mae dylanwad straeon hen forwyr a bywyd y môr yn amlwg ar ei gerddi a'i ganeuon ac mae ei gyfraniad yn un arbennig iawn. Mae ei gasgliadau o ganeuon plant: *Cerddi Huw Puw* (1923), *Cerddi Robin Goch* (1935) a *Cherddi Portinllaen* (1936) yn boblogaidd o hyd.

T. Eurig Davies (1892-1951)
Un o Wernogle, Caerfyrddin oedd T. Eurig Davies a bu'n weinidog gyda'r Annibynwyr yng Nghwmllynfell a Llanbedr Pont Steffan. Enillodd lawer o wobrau yn yr Eisteddfod Genedlaethol gan gynnwys y goron yn 1932 ac 1934.

Meic Stevens
Baledwr a chanwr o Solfach, Penfro sy'n rhan amlwg o ganu poblogaidd Cymraeg o ganol y 1960au ymlaen. Mae'n offerynnwr medrus ac yn gyfansoddwr arbennig, yn llwyddo i gyfuno geiriau grymus, alawon hudolus a pherfformiad cofiadwy.

I.D. Hooson
Bardd o Rosllannerchrugog a ddilynodd yrfa fel cyfreithiwr. Cyhoeddodd ddwy gyfrol o farddoniaeth a daeth ei waith yn boblogaidd bron ar unwaith, yn arbennig fel darnau adrodd. Cerddi swynol ar y mesurau rhydd yw'r rhan fwyaf o'i waith. Roedd cyfansoddi barddoniaeth yn ddihangfa iddo rhag bywyd di-liw ei swyddfa a'i waith bob dydd.

Mihangel Morgan
Llenor a bardd o Aberdâr, Morgannwg sydd bellach yn ddarlithydd yn y Gymraeg ym Mhrifysgol Cymru, Aberystwyth. Enillodd y Fedal Ryddiaith yn yr Eisteddfod

Genedlaethol yn 1993 a chyhoeddodd nifer o'i gerddi yn ogystal. Mae'n hoff iawn o chwarae a rwdlan gyda geiriau.

D. Jacob Davies
Bardd, storïwr a darlledwr o ardal Llandysul, Ceredigion. Roedd yn berfformiwr a sgriptiwr ar lwyfannau ac ar y radio yn ogystal â bod yn weinidog a phregethwr poblogaidd. Gŵr ffraeth, llawn hiwmor a gyhoeddodd nifer o benillion a cherddi ysgafn.

Twm Morys
Mae'n hoff o wisgo hetiau o wahanol rannau o'r byd. Cafodd ei fagu rhwng dau le – Llanystumdwy, Gwynedd a Chwm Brwyne Fechan, Brycheiniog. Sgwennwr, canwr a chyflwynwr sydd bob amser yn newydd, egnïol a dyfeisgar. Cyhoeddodd un gyfrol o farddoniaeth hyd yn hyn a nifer o ganeuon ar recordiau ei grŵp, Bob Delyn a'r Ebillion.

Gwyn Thomas
Blaenau Ffestiniog yw tref enedigol Gwyn Thomas a chyn ymddeol bu'n ddarlithydd ac Athro yn Adran y Gymraeg, Prifysgol Cymru, Bangor. Mae'n fardd sy'n mwynhau chwilio am feysydd newydd i'r traddodiad barddol ac mae ganddo ddiddordeb mawr mewn cyfuno geiriau ei gerddi gyda ffilm, lluniau a pherfformiadau llwyfan.

Geraint Løvgreen
Mae i'w weld yn aml yn gweiddi dros Wrecsam ar y Cae Ras neu i'w glywed yn darllen neu ganu caneuon llawn odlau gwreiddiol. Morwr o Ddenmarc oedd ei hen daid. Wedi'i fagu yn ardal Wrecsam, mae Geraint a'i deulu yn byw erbyn hyn yn nhref Caernarfon. Cyfieithu yw ei waith bob dydd ond mae hefyd yn adnabyddus fel canwr, cyfansoddwr a diddanwr.

Brenda Wyn Jones
Cafodd ei magu ym mhentref Bethesda, Dyffryn Ogwen, ac mae bellach wedi dychwelyd i fyw yn ei hen fro. Bu'n athrawes cyn ymddeol ac mae wedi addasu nifer o lyfrau Saesneg ar gyfer plant i'r Gymraeg. Y dyddiau hyn mae'n brysurach nag erioed, yn ysgrifennu ei llyfrau ei hun – nofelau a straeon i blant yn bennaf. Bydd hefyd yn treulio llawer o'i hamser yn ymweld ag ysgolion, i gynnal gweithdai ac i drafod ei llyfrau.

Dic Jones
Bardd o Geredigion a ffermwr yr Hendre, Blaenannerch. Mae dylanwad byd amaeth a'r gymdeithas wledig yn amlwg iawn ar ei ganu, gan gynnwys ei gerdd hir i'r cynhaeaf, a enillodd gadair yr Eisteddfod Genedlaethol iddo yn 1966.

Wil Oerddwr
Bardd gwlad o ardal Beddgelert oedd W. Francis Hughes ond câi ei adnabod gan bawb wrth ei enw barddol, Wil Oerddwr. Canodd i gyfeillion a theulu yn bennaf, yn null traddodiadol y bardd cymdeithasol Cymraeg. Cyhoeddwyd un gyfrol o'i waith, sy'n cynnwys rhagair gan ei gefnder, T.H. Parry-Williams.

T.H. Parry-Williams (1887-1975)
Bardd o Ryd-ddu, Gwynedd a ddilynodd yrfa fel darlithydd yn Adran y Gymraeg, Prifysgol Cymru, Aberystwyth a chael ei benodi'n Athro yno yn ddiweddarach. Pan oedd yn ifanc iawn, gwnaeth enw iddo'i hun drwy gipio'r goron a'r gadair yn yr Eisteddfod Genedlaethol yn 1912 ac ailadrodd y gamp dair blynedd yn ddiweddarach. Fel bardd defnyddiai iaith lafar a dywediadau bob-dydd ond fe gyflwynai syniadau dwfn ei feddwl miniog yr un pryd.

Cynan
Un o Bwllheli oedd Albert Evans-Jones a gâi ei adnabod gan bawb wrth ei enw barddol, Cynan. Bu'n weinidog ac yn diwtor yn Adran Efrydiau Allanol, Prifysgol Cymru, Bangor. Aeth yn aelod o'r llu meddygol yn ystod y Rhyfel Byd Cyntaf a phrofodd rai o erchyllterau maes y gad yn ffosydd Ffrainc a Macedonia. Enillodd goron yr Eisteddfod Genedlaethol deirgwaith, y gadair unwaith a bu'n archdderwydd ddwywaith, gan ddylanwadu'n drwm ar ddatblygiad yr Orsedd a'i seremonïau.

Siôn Eirian
Mae'n fab i weinidog, ac yn ystod ei blentyndod cafodd fyw mewn sawl ardal o Gymru: Hirwaun (Morgannwg), Brynaman (Caerfyrddin) a'r Wyddgrug (sir y Fflint). Daeth yn amlwg tra'n ifanc fel bardd oedd yn torri ei lwybr ei hun. Mae blas cyfoes ar ei destunau a'i fesurau fel y gwelir yn ei gyfrol, *Plant Gadara* a'r dilyniant a enillodd goron yr Eisteddfod Genedlaethol iddo yn 1978. Erbyn hyn mae'n canolbwyntio ei egni creadigol ar ei waith fel dramodydd a sgriptiwr teledu yn bennaf.

Gwynne Williams
Brodor o'r Ponciau ger Rhosllannerchrugog. Mae'n athro Cymraeg yn Llangollen a chyhoeddodd dair cyfrol o farddoniaeth. Cyfansoddodd nifer o gerddi i blant, gan gynnwys llawer o gyfieithiadau.

Beirdd y Byd
Tîm a sefydlwyd ar ddechrau'r 1990au ar gyfer y rhaglen radio 'Talwrn y Beirdd', pan fydd timau o feirdd yn ymryson â'i gilydd. Mae beirdd fel Iwan Llwyd, Twm Morys, Ifor ap Glyn, Llion Jones a Geraint Løvgreen yn aelodau ohono.

Elinor Wyn Reynolds
Bardd o Gaerfyrddin yw Elinor, sy'n byw yng Nghaerdydd bellach. Mae galw cyson am ei gwasanaeth i ddarllen ei gwaith ledled y wlad a chynnal gweithdai sgrifennu i blant. Mae wedi perfformio dan ddaear mewn hen chwarel lechi ac wedi arwain plant i ysgrifennu yng nghanol rhai o goedwigoedd Cymru.

Iwan Llwyd
Chwarewr gitâr fas mewn grwpiau fel Geraint Løvgreen a'r Enw Da a Steve Eaves a'i Driawd a bardd sy'n crwydro Cymru yn perfformio ac yn ymweld ag ysgolion. Teithiodd sawl cyfandir gan ddwyn ei brofiadau i'w ganeuon a'i gerddi teledu. Enillodd gadair Eisteddfod yr Urdd yn 1980 a choron yr Eisteddfod Genedlaethol yn 1990 a chyhoeddodd nifer o gyfrolau o farddoniaeth, gydag un ohonynt – *Dan Ddylanwad* – yn cipio gwobr Llyfr y Flwyddyn yn 1997.

Myrddin ap Dafydd
Un arall sy'n cael pleser yn gweithio gyda phlant ym mhob cwr o Gymru. Brodor o Lanrwst a sefydlydd Gwasg Carreg Gwalch yn y dref. Enillodd gadair Eisteddfod Urdd Gobaith Cymru yn y Rhyl 1974 a chadair y Genedlaethol yng Nghwm Rhymni 1990. Cyhoeddodd a golygodd nifer o gyfrolau o farddoniaeth i blant ac oedolion.

Ifor ap Glyn
Cafodd Ifor ap Glyn ei fagu yn Llundain ond mae ganddo wreiddiau mewn sawl ardal yng Nghymru gan gynnwys Llanrwst, Ceredigion a sir Frycheiniog. Bu'n perfformio gyda grwpiau megis Y Treigliad Pherffaith a Nos Sadwrn Bach ac mae dylanwad y 'rap' a'r 'rant' gyhoeddus ar lawer o'i gerddi. Enillodd goron yr Eisteddfod Genedlaethol yn 1999 ac mae'n gweithio yn y byd teledu. Mae'n hoffi darllen ei waith, yn enwedig i gyfeiliant cerddoriaeth ddawns.

Lis Jones
Athrawes yn ardal Bangor yw Lis Jones. Enillodd wobrau mewn Eisteddfodau Cenedlaethol am ei cherddi i blant a chipiodd ei chyfrol gyntaf, *Byw a Bod yn y Bàth* wobr Tir-na-nOg yn 1999.

Steve Eaves
Bardd a chanwr sy'n frodor o Stoke-on-Trent. Dysgodd Gymraeg ac mae bellach yn gyfieithydd i Gyngor Sir Conwy. Bu'n weithgar gyda Chymdeithas yr Iaith a Mudiad Sosialaidd Gweriniaethol Cymru. Cyhoeddodd ddwy gyfrol o farddoniaeth a sawl casgliad o ganeuon sydd â thipyn o ddylanwad y felan (canu'r blŵs) arnyn nhw. Yn ei gerddi a'i ganeuon mae'n cydio mewn sefyllfaoedd a chymeriadau bob dydd ac yn creu barddoniaeth ddwys a thyner amdanynt.

Gwyn Morgan
Dechreuodd Gwyn Morgan farddoni yn ifanc iawn – roedd yn lwcus am fod bardd

go iawn yn byw yn ei bentref – Rhydwen Williams. Roedd yn gyfaill da iddo a thyfodd i edmygu beirdd a dyheu am fod yn un – rhyw ddydd. Mae gan Gwyn lawer o ddiddordebau – coginio, casglu cerddoriaeth jazz, cerdded, darllen, chwerthin gyda ffrindiau o gwmpas y bwrdd cinio . . . a barddoni.

Meirion MacIntyre Huws
Mae 'Mei Mac', fel mae'n cael ei alw yn dipyn o gartwnydd ac yn cynllunio a dylunio ar gyfrifiaduron. Caernarfon yw ei dref ac mae'n chwarae pêl-droed 5-bob-ochr ac yn bysgotwr. Mae'n fardd amlwg mewn talwrn ac ymryson, yn adnabyddus am ei gerddi llyfn a llafar. Enillodd gadair yr Eisteddfod Genedlaethol yn 1993 a chyhoeddodd un gyfrol, *Y Llong Wen*.

Margiad Roberts
Am ei bod yn bum troedfedd a phedair modfedd o daldra ac yn pwyso wyth stôn a hanner, mae'n dweud nad yw'n fardd mawr! Mae'n awdures sy'n adnabyddus am ei rhyddiaith llawn hiwmor a'i chyfres o straeon i blant yn seiliedig ar y cymeriad, Tecwyn y Tractor. Cafodd ei magu ar fferm yng Ngarndolbenmaen, Eifionydd ac mae bellach yn byw ar fferm ym Mhen Llŷn. Yn naturiol mae'r cefndir amaethyddol yn amlwg yn ei gwaith creadigol. Cyfansoddodd nifer o gerddi hefyd ac mae amryw wedi'u cyhoeddi yn y gyfres Barddoniaeth Loerig. Mae'n magu plant ac yn gofalu am yr ieir – dywed ei bod wrth ei bodd yn gwylio'r ieir yn crafu yma ac acw gan iddynt ei hatgoffa o fardd yn chwilio am eiriau!

Menna Elfyn
Un o Bontardawe yw Menna Elfyn ac wedi cyfnod fel athrawes ysgol, mae bellach yn fardd teithiol sy'n crwydro i bedwar ban byd. Mae hawliau lleiafrifoedd a hawliau merched yn amlwg yn ei gwaith, ond profiadau personol yw'r ysgogiad yn ei cherddi bob tro.

Emyr Hywel
De Ceredigion yw bro enedigol Emyr Hywel a bu'n gwasanaethu yno fel prifathro yn Ysgol Tre-groes. Yn ystod ei yrfa, mae wedi cyfrannu llawer o gerddi a thasgau i ysgogi ymateb ac ysgrifennu creadigol gan blant. Mae bellach yn awdur, yn gweithio i Ŵyl Werin y Cnapan ac yn cyfrannu'n gyson i Radio Ceredigion.

Dewi Pws
Mae ganddo un o'r wynebau doniolaf yng Nghymru a does fawr o syndod ei fod yn boblogaidd fel actor a digrifwr. Bu'n ganwr pop hefyd a chyfansoddodd rai o ganeuon serch gorau'r Gymraeg. Dewi Morris Jones oedd ei enw yn yr ysgol ac yn Nhreforys, Cwm Tawe yr oedd ei gartref bryd hynny. Mae'n seren dalentog a gwreiddiol dros ben.

Elena Gruffudd
Cafodd ei magu yn Nhrefor, Gwynedd a bu'n gweithio fel golygydd yng Ngwasg Carreg Gwalch a'r Lolfa cyn troi at wneud y gwaith ar ei liwt ei hun yn Aberystwyth. Enillodd nifer o'i cherddi wobrau mewn Eisteddfodau Genedlaethol.

Caryl Parry Jones
Mae Caryl Parry Jones yn amlwg drwy Gymru gyfan fel perfformwraig a chantores. Mae'n dod o ardal y Rhyl yn wreiddiol ond yn byw ers tro ger y Bont-faen, Bro Morgannwg. Mae'n gwneud llawer o waith sgriptio ac yn sgwennu cerddi, yn aelod o dîm talwrn y Taeogion ac wedi dysgu cynganeddu.

'Hen wlad fy nhadau (ac iaith fy mam)'

Cerddi ar y thema: 'Cymru a'r Gymraeg'

Yn ôl ein hanthem genedlaethol, a nifer o ganeuon traddodiadol eraill, gwlad fynyddig llawn o gantorion a llenorion yw Cymru. Mae sawl cerdd a sawl cân yn cyfeirio at harddwch y tir ac at y traddodiadau sy'n perthyn i'r gymdeithas arbennig sydd wedi ei gwreiddio yn naear Cymru ers canrifoedd. Ychydig dros gan mlynedd yn ôl, Cymru oedd un o wledydd mwyaf diwydiannol y byd, yn cynhyrchu glo, dur a llechi. Cerdd o'r cyfnod hwnnw yw 'Aros a Myned' – cerdd gan un o feirdd mwyaf poblogaidd ei gyfnod, sef Ceiriog. Gweithio ar y rheilffyrdd yr oedd y bardd, eto ychydig o ôl ei waith bob dydd a diwydiant ei gyfnod sydd ar ei waith. Yn y gerdd hon mae'n troi at y tir a byd natur am ysbrydoliaeth.

Aros a Myned

Aros mae'r mynyddau mawr,
Rhuo trostynt mae y gwynt;
Clywir eto gyda'r wawr
Gân bugeiliaid megys cynt.
Eto tyf y llygad dydd
O gylch traed y graig a'r bryn,
Ond bugeiliaid newydd sydd
Ar yr hen fynyddoedd hyn.

Ar arferion Cymru gynt
Newid ddaeth o rod i rod;
Mae cenhedlaeth wedi mynd
A chenhedlaeth wedi dod.
Wedi oes dymhestlog hir
Alun Mabon mwy nid yw,
Ond mae'r heniaith yn y tir
A'r alawon hen yn fyw.

Ceiriog

GAIR AM AIR
arferion - traddodiadau, hen ffyrdd o fyw
tymhestlog - stormus, brochus

Astudio'n fanylach
1. Beth mae 'cân bugeiliaid' yn ei olygu i chi, o feddwl am y dull o hel defaid ar fynydd?
2. Pa ddau ansoddair a ddefnyddir i ddisgrifio mynyddoedd Cymru yn y pennill cyntaf?
3. Cylch yw 'rhod'. Beth ydych chi'n meddwl yw ystyr yr ymadrodd 'o rod i rod'?

Beth yw eich barn chi?
1. Yn y pennill cyntaf, enwch y pethau sy'n oesol, sy'n aros o hyd.
2. Mae rhai pethau'n mynd a dod, ond mae pethau eraill yn sefydlog, yn barhaol ac yn ddisymud. Beth yw'r pethau sy'n gyfnewidiol yn yr ail bennill?
3. Er bod cymdeithas dyn yn newid gyda'r oes, mae rhai pethau'n aros yn sylfaenol. Beth ydynt?

* * *

Byddai'n syniad ichi fynd dros eiriau'r anthem genedlaethol yn eich pen cyn darllen y gerdd nesaf oherwydd mae hon yn perthyn yn agos iawn ati. Bardd o Goed-poeth, ger Wrecsam yw'r awdur. Lleisio ymateb cenhedlaeth ifanc o'r ardal honno y mae'r gerdd. Rydym yn clywed y gerdd ar ddamwain, fel petai, gan fod y bardd yn ein gwahodd i glustfeinio ar sylwadau'r bobl ifanc yn ei ddosbarth. Nhw piau'r sylwadau sydd mewn italig.

Hen Wlad fy Dad

'Heddiw 'dan ni'n mynd i ddysgu'r Anthem
Genedlaethol achos ein bod ni wedi'n magu yng Nghymru.
Gadewch i chi fod yn well na Ryan Giggs, rŵan.
'Dio'm yn siŵr o'r geiriau ar ddechrau gêm …
Gwlad beirdd …
Be' 'di un o'r rheiny?'

'Dead.'

'Na.'

'Alive.'

'Na.'

'The Living Dead?'

'Enwogion o fri … enwch Gymry enwog …'

'Mark Hughes'
'Tim Vincent'
'Shirley Bassey'
'Tom Jones'
'Hannibal the Cannibal'

'Fi!' gwaeddodd Larry.
'Oh no, I forgot,
I'm English.'

'Nac wyt ti'n byw yn Wrecsam?'

'I was born in Northampton
ond roedd hen taid fi yn Jones.'

'Ei gwrol ryfelwyr …
Pobl yn ymladd dros eu gwlad.'

'Vietnam fel Rambo?'

'Naci, ddim cweit –
Cilmeri fel Llywelyn.
Nid 'mad' Saesneg ydy o
ond mad.
Be' 'di ystyr y llinell nesaf?'

'They lost their blood.'

'Gwlad, Gwlad … Pleidiol wyf …
Be' 'di hwnne?'

'M.P's. Plaid Cymru.
Me Dad votes for 'em like … '

'Tra môr yn fur i'r bur hoff *bau* …'

''Dwi'n cael hwnnw o hyd …'

'Be' rŵan eto, Lucy?'

'Y bai.'

'Ac wrth gwrs 'dan ni isio i'r iaith barhau –
dal ymlaen.
Pa iaith, blant?'

'Klingon – iaith Star Trek.'

'Beam me up, Scottie!'

Aled Lewis Evans

GAIR AM AIR

Tim Vincent – cyflwynydd o Wrecsam a fu ar
Blue Peter, rhaglenni Loteri ayyb.
Hannibal the Cannibal – enillodd yr actor enwog o
Gymru, Anthony Hopkins, Oscar am chwarae rhan
y cymeriad hwn mewn ffilm
Cilmeri - yno y lladdwyd Llywelyn ein Llyw Olaf

Hel geiriau

1. Un o'r rhesymau a gynigir gan yr athro tros ddysgu'r anthem genedlaethol i'r disgyblion yw 'am ein bod ni wedi'n magu yng Nghymru'. Mae awgrym o reswm arall, hefyd. Beth yw hwnnw?
2. Mae rhai geiriau dieithr yn yr anthem sy'n peri trafferth – a hwyl – i'r disgyblion yn y gerdd. Chwiliwch am ystyron 'pleidiol', 'mad' a 'bau [pau]'.
3. Mae llawer o chwarae gyda geiriau yn y gerdd. Esboniwch sut fath o hwyl gyda geiriau sydd yn y llinellau hyn:
    a) 'Hannibal the Cannibal'
    b) gwladgarwyr tra mad/*mad*
    c) bur hoff bau/*'Dwi'n cael hwnnw o hyd … y bai'*
4. Mae un bachgen yn cofio'n sydyn ei fod yn Sais am ei fod wedi'i eni yn Northampton. Ond yr ateb a gafodd yw 'Nac wyt ti'n byw yn Wrecsam?'. Er bod y dref honno yn agos i'r ffin, perthyn i Gymru y mae hi serch hynny. Enwch rai o'r pethau sy'n perthyn i Gymru ym marn y bobl ifanc yn y gerdd.

Perthyn i gornel arall o Gymru y mae'r gân nesaf. Mewn ardal fel Wrecsam, mae'r Gymraeg wedi ennill tir yn ystod y blynyddoedd diwethaf – mae nifer o ysgolion Cymraeg a nifer o blant yn dysgu'r iaith fel y gwelsom yn y gerdd ddiwethaf. Un o'r rhesymau pam mae'r Gymraeg yn iaith mor fywiog o hyd yw bod ardaloedd cyfan o Gymru lle nad oedd dim ond yr iaith honno yn cael ei defnyddio tan yn weddol ddiweddar. Ond mae newid wedi digwydd. Symudodd llawer o bobl ifanc o'r broydd hynny, daeth teuluoedd di-Gymraeg yn eu lle. Trodd iaith y siop, y stryd a'r dafarn yn Saesneg – a hynny'n sydyn iawn weithiau. Yn y gân hon, mae'r awdur yn mynd i chwilio am bentref Cymraeg.

Y Pentre Nesaf

Pan oeddwn yn drifo yn yr hen Shir Gâr,
Mynd am dro un prynhawn yn y car,
Wilo am y werin oedd amcan fi a 'ngwraig
A ffindo rhyw bentre bach Cymraeg.
Wel, sefon ni am funud ar rhyw groeslon yn y wlad
A gofyn cyfeiriadau wrth y dyn,
Wel, shiglodd e ei ben ac edrych arna i'n syn
ac yn Sisneg fe esboniodd 'fod e'n flin:

'Y pentre nesa yw yr un chi moyn.'

Wel, drifon ni ymlan am ryw hanner awr
Tan cyrradd lle odd bownd o fod yn iawn:
Un capel, tafarn, siop a dyna'r cwbl lot,
Medde fi, 'Wel, ni wedi cyrradd nawr'.
I'r dafarn mewn â fi, yn wên o glust i glust
Yn ffyddiog mai hwn oedd pen y daith,
Gofynnais am ddou beint, ac edrychodd arnai'n syn:
Rodd y boi ffili deall gair o'm iaith.

'Y pentre nesa yw yr un chi moyn.'

Wel, drifo ni ymlaen ac ymlaen ac ymlaen
Tan cyrraedd lle oedd terfyn y lôn,
'Wel, hwn yw'r lle,' medd hi;
'Gobeithio,' medde fi;
Ŷn ni'n iawn? Wel, falle, paid â sôn.
Yn ishte o flan y tŷ
Rodd hen wraig ar ei phen ei hun
Ac esboniais bo' ni'n falch bo' ni 'di dod;
Wel, chwerthynodd, ac fe lefodd
A gafaelodd yn fy mraich:
'Machgen i, ble i ti wedi bod?'

'Y pentre nesa, o's shwd le i gael?'

Neil Rosser

Dilyn y daith

1. Lle yn union mae 'yr hen Shir Gâr'?
2. Mae tafodiaith rhan arbennig o ddeheubarth Cymru yn amlwg yn y gân hon. Pa eiriau sy'n awgrymu hynny ichi?
3. Adrodd stori y mae'r gân ac mae naws hamddenol i'r faled. Pa eiryn, ar ddechrau nifer o'r brawddegau, sy'n awgrymu hynny?
4. 'Rodd y boi yn ffili deall gair o'm iaith' – mae hwn yn brofiad cyffredin iawn yng Nghymru heddiw. Ond pam mae hyn yn golygu cymaint ac yn gymaint o siom i'r canwr a'i wraig?
5. Pam mae'r hen wraig yn chwerthin ac yn llefen?
6. Sut ddarlun y mae'r geiriau 'un hen wraig ar ei phen ei hun' yn ei gynnig i chi?

Mae iaith yn ffordd o rannu profiadau ac mae methu â deall iaith yn medru arwain at fethu deall ffordd o fyw a phob math o deimladau amheus. Yn y gerdd nesaf mae dwy ffordd o fyw wahanol yn cyfarfod. Y lleoliad yw ffatri sy'n eiddo i gwmni o Siapan. Mae'r ffatri yn un o hen gymoedd diwydiannol de-ddwyrain Cymru. Mae'r bardd yn cyfarfod â thri gŵr o Siapan ac yn rhyfeddu mor wahanol i'w genedl ef ydyn nhw ond ar yr un pryd, mae'n sylweddoli mae'n siŵr fod ei genedl yntau'n edrych yn od iawn i'r gwŷr o'r dwyrain.

Unffurf

Rhai unffurf o ffurfiol yw'r Siapaneaid.
Os am eu denu i agor ffatri
ym mlaenau rhyw gwm diarffordd
gwell yw ichi ddysgu eu defodau dieithr –
fel cyfnewid cardiau yn syth wrth gyfarfod,
a selio bargen ag anrheg fach.

Selio bargen y buwyd y diwrnod hwnnw
mewn cyfarfod bach stiff ym mharlwr y maer;
tri phennaeth busnes o Siapan,
yn eu siwtiau unffurf,
yn ddifynegiant, ddi-Saesneg;
a'r cyfieithydd nerfus yn ddolen rhyngddyn nhw
a'r tri gŵr lleol –
y maer, ei ddirprwy,
a'r ffotograffydd
oedd yno i gofnodi'r foment fawr.

Y cyflwyno i gychwyn:
'Mr Sakamoto'; bow bach cwrtais.
'Mr Sato'; bow.
'Mr Fujimoto'; bow.
Nid yw enwau cyntaf
yn cael eu cynnig gan y genedl ddirgelaidd hon,
gyda'u henwau a swniai mor debyg i'w gilydd.
A'r cyfieithydd yn troi at y Cymry,
'A chi yw?'
'Mr Davies,' medd y maer.
'A chithau?' wrth y dirprwy.
'Mr Davies.'

A chwerthiniad bach am y cyd-ddigwyddiad.
Troi at y ffotograffydd –
yn ôl yr *etiquette* rhaid cynnwys pawb
yn y catecism hwn o boleitrwydd –
'A chithau?' Nid oedd modd deud celwydd.
'Mr Davies,' meddai.

Anodd oedd dirnad teimladau'r Siapaneaid
wrth iddynt gyflwyno eu hanrheg i'r dref –
ghetto-blaster du, yn sumbol o'u gwaith
a achubai gannoedd rhag y ciwiau dôl –
ond ni fyddai'n syndod pe baent,
y tu ôl i fasgiau eu hwynebau busnes,
yn rhyfeddu at ein cenedl unffurf ni
a'i harferion annirnadwy
lle mae un enw'n gwneud y tro i bawb.

Grahame Davies

GAIR AM AIR
diarffordd – pell o bob man
etiquette - arferiad, moesgarwch, steil o ymddwyn
catecism - rheolau pendant
dirnad - deall ystyr, teimlo
annirnadwy - amhosibl i'w ddeall

Crafu dan yr wyneb

1. Mae'r gerdd yn agor gyda disgrifiad o natur y Siapaneaid. Pa bethau y tynnir ein sylw ni atynt yn y gerdd rydd sy'n awgrymu eu bod yn genedl 'unffurf o ffurfiol'?
2. Mae dwy genedl, dwy ffordd o fyw yn cyfarfod yn y gerdd ac yn siarad â'i gilydd drwy gyfieithydd. Beth yw'r achlysur sy'n eu tynnu at ei gilydd? A fedrwch feddwl am achlysuron eraill lle y bydd aelodau o ddwy genedl wahanol yn cyfarfod â'i gilydd?
3. Beth sy'n gwneud i'r Siapaneaid, o dan yr wyneb, ryfeddu at 'ein cenedl unffurf ni', sef y Cymry?
4. Sut ydych chi'n esbonio'r llinell, 'y tu ôl i fasgiau eu hwynebau busnes'?

* * *

Mae gwahaniaethau rhwng gwlad a gwlad, rhwng iaith ac iaith – ond nid drwy wneud pawb yr un fath y mae cael gwared â drwgdeimlad, amheuaeth a chasineb o'r byd. Y gwahaniaethau sy'n gwneud y byd yn lle mor ddiddorol ac mae'n bwysig cadw'r holl batrymau – a meithrin parch at y gwahanol batrymau. 'Pam ydych chi'n trafferthu i geisio adfer yr iaith Gymraeg?' oedd y cwestiwn i awdur y gân nesaf, Dafydd Iwan. Mae'n beth mor naturiol, yw ei ymateb yntau – mae fel gofyn 'Pam fod eira yn wyn?'.

Pam fod eira yn wyn?

Pan fydd haul ar y mynydd,
Pan fydd gwynt ar y môr,
Pan fydd blodau yn y perthi,
A'r goedwig yn gôr.
Pan fydd dagrau f'anwylyd
Fel gwlith ar y gwawn,
Rwy'n gwybod, pryd hynny,
Mai hyn sydd yn iawn, –

  Rwy'n gwybod beth yw rhyddid,
  Rwy'n gwybod beth yw'r gwir,
  Rwy'n gwybod beth yw cariad
  At bobl ac at dir;
  Felly peidiwch â gofyn eich cwestiynau dwl,
  Peidiwch edrych arna'i mor syn
  Dim ond ffŵl sydd yn gofyn
  Pam fod eira yn wyn.

Pan fydd geiriau fy nghyfeillion
Yn felys fel y gwin,
A'r seiniau mwyn, cynefin,
Yn dawnsio ar eu min,
Pan fydd nodau hen alaw
Yn lleddfu fy nghlyw,
Rwy'n gwybod beth yw perthyn
Ac rwy'n gwybod beth yw byw!

Pan welaf graith y glöwr,
A'r gwaed ar y garreg las,
Pan welaf lle bu'r tyddynnwr
Yn cribo gwair i'w das.
Pan welaf bren y gorthrwm
Am wddf y bachgen tlawd,
Rwy'n gwybod bod rhaid i minnau
Sefyll dros fy mrawd.

Dafydd Iwan

GAIR AM AIR
gwawn - gwe fân yn nofio yn yr awyr neu ar goed ar dywydd braf
min - gwegusau
lleddfu - tawelu, dofi, esmwytho
gorthrwm - gormes, sathru ar hawliau

Nesu at y testun

1. 'Peidiwch â gofyn eich cwestiynau dwl' medd y canwr. Pa gwestiynau fyddai'r rheiny yn eich barn chi?
2. Ta waeth am yr amheuon a'r cwestiynau, beth yw'r tri pheth sy'n rhoi sicrwydd i'r canwr ei fod yn gwybod 'fod hyn yn iawn'?
3. Gall bod yn llygad y cyhoedd fod yn brofiad unig. Beth, yn yr ail bennill, sy'n codi calon yr ymgyrchwr ar adegau felly?
4. Pobl nad ydynt yn gwybod ein hanes sy'n gofyn y 'cwestiynau dwl' am weithio a gweithredu tros Gymru a'r Gymraeg. At ba benodau yn hanes Cymru y cyfeirir atynt yn y pennill olaf?

'I adrodd yr hanes'

Baled

Stori ar gân yw baled ac fel arfer bydd yn cynnwys nifer go helaeth o benillion ac yn ffitio ar alaw arbennig. Mae'r traddodiad o ganu baledi yn un hen iawn yng Nghymru, fel mewn amryw o wledydd eraill. Hyd at gan mlynedd go dda yn ôl, roedd yn beth cyffredin iawn i weld baledwyr ym mhob ffair a marchnad yng Nghymru, yn canu baledi yng nghanol y dyrfa yn yr awyr agored. Rhwng y penillion yn aml, byddent yn cynnig dalennau papur i'r gynulleidfa ac yn eu gwerthu am geiniog yr un fel arfer. Copïau o'r faled fyddai'r rhain a thrwy werthu'u caneuon y byddent yn ennill eu tamaid.

Roedd rhaid i'r baledi ddal sylw torf mewn marchnad felly, ac roedd llawer o'r baledi traddodiadol yn disgrifio'n ddramatig iawn ddigwyddiadau erchyll megis llofruddiaethau, crogi cyhoeddus, llongddrylliadau, stormydd, damweiniau mewn pyllau glo a rhyfeloedd pell. Dyma'r math o newyddion oedd yn ennill clust (ac yn ennill ceiniog neu ddwy) iddynt. Enwau rhai o'r baledwyr enwog yn eu dydd oedd Dic Dywyll, Abel Jones y Bardd Crwst, Huw Morus ac Ywain Meirion a byddent yn crwydro Cymru gyfan, yn rhannu eu baledi lle bynnag y byddai ffair a thyrfa dda i'w denu atynt. Er i'r cyfnod hwnnw ddod i ben bellach, mae'r faled yn fyw o hyd.

Weithiau, byddai gan y baledwyr gân ddigri, i adrodd rhyw dro trwstan neu i dynnu coes. Mae caneuon o'r fath yn dal i gael eu creu a'u cyhoeddi mewn papurau bro drwy Gymru hyd heddiw. Enghraifft o hen faled sy'n adrodd hanesyn doniol am lanc a aeth i garu merch ar fferm ym Môn flynyddoedd maith yn ôl yw 'Ifan Pantyfedwen'.

Ifan Pantyfedwen

Ar ryw noson Ŵyl Fihangel,
Oddeutu deg o'r gloch,
Roedd Ifan Pantyfedwen
Yn prysur fwydo'r moch.

Fe aeth fel roedd, yn union,
Yn syth am Dyddyn Hen,
I garu'r forwyn ieuenga'
O'r enw Catrin Jên.

Cyrhaeddodd yno'n gynnar,
Cyn iddi fynd i'w chlwyd;
Eisteddodd yn y gegin,
Gwnaeth Catrin iddo fwyd.

Ar ôl bwyta'r pincws mali
Nes iddo dorri'i wanc,
Mynd ati i ddechra caru
Wnaeth Catrin Jên a'r llanc.

Â'i law o rownd ei gwddw
A'i wefus ar ei boch,
'Toedd Catrin glawd yn clŵad dim
O ogla ciba'r moch.

Bu'r ddau yn caru'n ddoniol
Am oddeutu awr neu ddwy;
Rwy'n siŵr nad oedd dim delach dau
I'w cael o fewn i'r plwy'.

Ond dryswyd yr hapusrwydd
Rhwng y llanc a Catrin Jên
Gan dwrw traed yn cerddad
Ar balmant Tyddyn Hen.

Rhowd Ifan yn y cwpwrdd,
A chaewyd arno'n glòs,
A daeth i'r tŷ y gŵr a'r wraig
A'r ci o'r enw Tòs.

'Wel! Catrin,' ebe'r fistras,
'A fuo'r moch yn 'tŷ?
Rwy'n sicr iawn fod y tŷ yn llawn
O ogla ercath ddu!'

Bu yno chwilio a chwalu
Oddeutu chwartar awr,
A dowd o hyd i ogla'r moch
Yng ngwaelod 'rhen gwpwrdd mawr.

Yn fuan gwelwyd Ifan
Yn llamu heibio'r sied,
A Tòs y ci yn legio'n ffast
Yn ei drowsys melfaréd.

Wel, lancia annwyl, cofiwch,
Lle bynnag byth y boch,
Peidiwch mynd i garu'r ferch
Yn syth o gytia'r moch!

GAIR AM AIR
pincws mali - cacen gri, pice bach ar y maen
glawd - ffurf lafar o tlawd
ciba'r moch - bwyd moch, swil
ercath - cwrcath; cath wryw

Dilyn y stori

1. Roedd Môn yn enwog iawn am fagu moch yn yr hen ddyddiau – mae rhai yn dal i dynnu coes trigolion yr ynys a'u galw yn 'foch Môn' o hyd! Fel arfer, gwaith y forwyn oedd bwydo'r moch – ond roedd hi'n ddydd gŵyl, ac efallai fod y forwyn yn y ffair. Beth arall yn y pennill cyntaf sy'n awgrymu bod Ifan Pantyfedwen gyda llawer ar ei blât y noson honno?
2. Beth yw ystyr 'mynd i'w chlwyd'? Pa greadur a gysylltir â 'chlwydo' fel arfer? A yw hyn yn ychwanegu at y digrifwch?
3. Gair llafar gwlad am *gacen gri* neu *pice bach ar y maen* yw 'pincws mali'. Fedrwch chi ddod ar draws rhagor o enghreifftiau o eiriau llafar (yn hytrach na geiriau llyfr, geiriau llenyddol) yn y gân?
4. Pam mae'r caru yn 'ddoniol'? Sut deimlad sydd y tu ôl i'r disgrifiad hwn: 'Rwy'n siŵr nad oedd dim delach dau/I'w cael o fewn i'r plwy'?'
5. Mae'r stori yn symud yn gyflym ac mae'r penillion byr a'r llinellau bywiog yn gymorth i hynny. Fel arfer, byddai'r hen faledi yn gorffen gyda rhybudd a fyddai'n sobri'r gynulleidfa. Sut ymateb roedd y baledwr yn ei obeithio amdano i'r cyngor ym mhennill olaf y faled hon, dybiwch chi?
6. Ym mhob stori, bron iawn, mae dechrau, trobwynt a diweddglo. Fedrwch chi lunio brawddeg i grynhoi y tri phen yn y stori yn y faled hon?

* * *

Baled am y môr a'r morwyr o Gymru fu'n croesi'r tonnau i bedwar ban byd yw'r gân nesaf.

Yn Harbwr San Francisco

Hen leuad wen, uwchben y byd,
a ddoist ti o hyd i Gymro
a aeth yn bell o'i wlad ei hun,
o Lŷn i San Francisco.
Mor dda dy gwmni hyd y môr,
ac wrth ein hangor heno,
fel hen Gymraes uwch ben y dŵr,
yn harbwr San Francisco.

Y mae fel golau dydd ar lan
a phob man yn disgleirio,
a thaflu gwreichion hyd y dŵr
yn harbwr San Francisco.
Ond medraf weld dy olau gwyn,
wrth imi synfyfyrio,
ar Borthdinllaen, a'i bae a'i glan,
o bellder San Francisco.

Mae sŵn y strydoedd ar y clyw,
a'r dref yn fyw ac effro,
a sŵn rhialtwch mawr y lan
dros harbwr San Francisco.
Ond tawel iawn yw glennydd Llŷn;
ar ben fy hun rwy'n gwrando
am stwyrian pell 'rhen olwyn ddŵr
o harbwr San Francisco.

Yfory byddi uwch ben Llŷn
yn gweld pob un a'm caro,
a gweld y tai mewn gwlad sydd well,
yn bell o San Francisco.
Cei fynd yn dawel ar dy hynt;
ni all dim gwynt dy rwystro;
ond stormydd geirwon sydd o 'mlaen
i Borthdinllaen o Ffrisco.

J. Glyn Davies

GAIR AM AIR
synfyfyrio - meddwl yn ddwys, ymgolli mewn meddyliau
rhialtwch - miri, stŵr
stwyrian - cyffroi, symud

Sylwi'n fanylach

1. Beth sy'n awgrymu mai llongwr o Gymru yn morio ar long hwyliau sy'n canu'r geiriau hyn?
2. Baled hiraethus yw hon a'r teimlad hwnnw sydd gryfaf ynddi – yn y cefndir y mae'r stori y tro hwn. Pam fod y baledwr yn medru rhannu ei hiraeth gyda'r lleuad?
3. Beth sy'n 'taflu gwreichion hyd y dŵr'?
4. Mae'r baledwr yn cymharu Llŷn a 'Ffrisco' – hen enw'r morwyr ar San Francisco – yn gyson. Beth yw'r prif wahaniaeth rhwng y ddau le?
5. Ydi'r baledwr yn cenfigennu at y lleuad? Pam?

* * *

Yr Hen Simdde Fawr

Lawer blwyddyn hirfaith yn ôl
Fe lamai'r gwynt i'r hen simdde fawr,
A dau o dani'n dechrau eu byd,
Yn dechrau eu byd wrth yr hen dân llawr,
A'r fflamau'n gloywi y deri drud,
Lawer blwyddyn hirfaith yn ôl.

Lawer blwyddyn hirfaith yn ôl
Fe chwarddai'r gwynt yn yr hen simdde fawr,
A'r cylch yn llawn o gwmpas y tân,
O gwmpas y tân, yr hen dân llawr,
Yn sŵn difyrrwch a chwarae a chân,
Lawer blwyddyn hirfaith yn ôl.

Lawer blwyddyn hirfaith yn ôl,
Fe gwynai'r gwynt yn yr hen simdde fawr,
A'r cylch o gwmpas y tân yn lleihau,
Yn lleihau o gwmpas yr hen dân llawr,
A'r plant yn chwalu, a'r gân yn gwanhau,
Lawer blwyddyn hirfaith yn ôl.

Lawer blwyddyn hirfaith yn ôl,
Fe wylai'r gwynt yn yr hen simdde fawr,
A safai'r elor ger drws yr hen dŷ,
Ger drws yr hen dŷ, a'r eira hyd lawr,
A chariwyd yr olaf i'r fynwent ddu,
Lawer blwyddyn hirfaith yn ôl.

Lawer blwyddyn hirfaith yn ôl
Chwedleuai'r gwynt yn yr hen simdde fawr,
A phydrai'r gwellt ar y trawstiau islaw,
A thyfai'r danadl ar ganol y llawr,
Yr hen lawr pridd, a chronnai'r glaw,
Lawer blwyddyn hirfaith yn ôl.

Ers llawer blwyddyn hirfaith yn awr,
Fe chwilia'r gwynt am yr hen simdde fawr,
A thry o gylch y celyn a'r ynn,
A'r hen lwyn lelog peraidd ei sawr,
I fyny'r coedcae a thros y bryn,
Ers llawer blwyddyn hirfaith yn awr,
Fe chwilia'r gwynt am yr hen simdde fawr.

T. Eurig Davies

GAIR AM AIR
deri - derw
elor - ffrâm i gario arch
ynn - lluosog onnen
sawr - arogl
coedcae - clawdd coed

Dilyn y penillion
1. Beth yw ystyr 'dechrau eu byd'?
2. Beth sy'n cael ei ddisgrifio fel 'deri drud'? Pam fod y fflamau'n eu gloywi?
3. Pam mai gwellt sydd ar y trawstiau, pan fo'r hen aelwyd yn dadfeilio?
4. Mae cael llinellau sy'n llifo'n llyfn ac odli effeithiol yn bwysig mewn cân. Beth yw patrwm odli'r penillion hyn?
5. Mae cynllun pendant i'r faled ac mae cysylltiad y gwynt a'r 'simdde fawr' yn dangos beth yw naws pob pennill. Chwiliwch am y berfau sy'n mynegi'r hyn y mae'r gwynt yn ei wneud. Ym mha fodd y mae pob un ohonynt yn addas?
6. Pe baech yn gorfod disgrifio stori'r faled hon mewn un gair, pa air a ddewisech chi?

* * *

Canwr cyfoes yw Meic Stevens. O chwedegau a saithdegau'r ugeinfed ganrif ymlaen, bu twf mawr mewn canu poblogaidd unwaith eto yn y Gymraeg a chlywyd nifer o leisiau newydd a ffurfiau newydd ar y faled. Un o'r cantorion hyn sydd hefyd yn cyfansoddi ei ganeuon ei hun yw Meic Stevens, o Solfach, sir Benfro yn wreiddiol. Chwiliwch am deitlau recordiau, casetiau a chrynoddisgiau o'i waith. Dyma un gerdd enwog ganddo.

Baled am ddigwyddiad yn yr Ail Ryfel Byd yw 'Ddaeth Neb yn Ôl'. Collodd mam Meic Stevens ei brawd, a'i gŵr a ffrind agos mewn llai na thair blynedd yn y rhyfel hwnnw. Hwyliodd y morwr, oedd yn ffrind i'w fam, ar long arfau'r *Edelan*. Fe'i suddwyd gan dorpedo ger Greenland.

Ddaeth Neb yn Ôl
Roedd pawb ar y cei yn Aberdaugleddau
yn oer ac yn wlyb yn y gwynt a'r glaw mân,
fe lusgodd y llynges i ffwrdd fel cysgodion
a'r cefnfor mawr o'u blaen.

Cytgan
Ddaeth neb yn ôl i adrodd yr hanes,
neb ond y gwynt a ganodd ei gân,
dim ond gwylanod a llygad y gelyn
a welodd y morwyr yn llosgi mewn tân.

Morgi o ddur yn cuddio mewn dyfnder,
ei arfau yn gas fel dant yn ei ben,
deffrodd o'i gwsg a chododd o'r gwaelod
i aros am aberth dan leuad y nen.

Yng nghanol y môr, daeth y daran a'r fflamau,
torpidos gwyllt yn rhuthro drwy'r dŵr
a thrist oedd y lladdfa gyfrwys mewn tywyllwch
a thrist oedd y byd mewn rhyfel a'i stŵr.

Rhy hwyr, ger yr harbwr, mae'r mamau'n aros,
mae'r gwragedd yn aros heb wybod y gwir,
ond ymhell oddi yno dan fôr y gorllewin,
gorweddant yn farw ym medd gwyrdd y dŵr.

Amddifaid bychain, lle gewch chi ddillad?
lle yn y byd gewch chi arian i fyw?
o'r llywodraeth fe gewch chi geiniogau cysurus
i dalu am eich tadau sydd nawr gyda Duw.

Meic Stevens

GAIR AM AIR
amddifad - plant wedi colli'u rhieni

Codi cwestiynau

1. Sylwch ar y gytgan. Mewn baled lle cenir cytgan ar ôl pob pennill, rhaid i eiriau'r gytgan fod yn addas i'w clywed lawer o weithiau. Yn ôl y gytgan, dim ond tri a all adrodd yr hanes. Enwch hwy. A fedrwch hefyd ychwanegu un enw arall at y rhai sy'n adrodd yr hanes?
2. Pa bennill sy'n disgrifio'r llong danfor yn y faled? Sut lun sy'n cael ei dynnu ohoni?
3. Efallai mai cân o brotest yn erbyn rhyfel yw hon a'i bod yn gwneud mwy na dim ond ailadrodd stori sydd yn perthyn i frwydr arbennig. Pa linell sy'n awgrymu hynny'n gynnil inni?
5. Mae'r faled yn gorffen drwy sôn am 'geiniogau cysurus' a ddaw o'r llywodraeth i dalu am y tadau. Beth yw'r arian hwn? Sut deimlad sydd y tu ôl i'r ansoddair 'cysurus'?

* * *

Cân am faledwr a chanwr gwerin o Chile yw'r nesaf – a hynny gan faledwr a chanwr o Gymru. Mae stori bob amser yn digwydd bob amser mewn lle arbennig ac yn ystod amser arbennig. Santiago yw'r lle a 1973 yw'r flwyddyn bwysig yn y faled hon.

Mae'n rhaid bod digwyddiadau y dylid eu rhoi ar gof a chadw wedi digwydd ym mhrifddinas Chile yn y flwyddyn arbennig honno. Pan ganwyd y gân hon gyntaf yn saith deg tri, roedd cynulleidfa'r baledwr yn gwybod am y cefndir yn llawn – ymosododd byddin Chile o dan y Cadfridog Pinochet ar lywodraeth ddemocrataidd y wlad a chael gwared â'r arweinwyr. Daeth trefn greulon i reoli'r wlad. Carcharwyd cefnogwyr rhyddid yn y stadiwm genedlaethol. Poenydiwyd a lladdwyd llawer ohonynt.

Carcharwyd y canwr Victor Jara (a yngenir 'Chara') yn y stadiwm yn ogystal. Cyn hynny, roedd wedi bod yn teithio drwy Chile – yn nhraddodiad hen faledwyr a chantorion poblogaidd Cymru – yn protestio am dlodi'r werin a chanu am obaith newydd. Roedd ei gitâr ganddo yn y stadiwm hefyd.

Cân Victor Jara

Yn Santiago yn saith-deg-tri
Canodd ei gân drwy'r oriau du,
Canodd ei gân yn stadiwm y trais,
Heriodd y gynnau â'i gitâr a'i lais
Yn Santiago yn saith-deg-tri.

Yn Santiago yn saith-deg-tri
Canodd ei gân yn yr oriau du,
Canodd am ormes ar weithiwr tlawd
A'r llofrudd ffasgaidd a laddodd ei frawd
Yn Santiago yn saith-deg-tri.

Yn Santiago yn saith-deg-tri
Canodd ei gân drwy'r oriau du,
Torrwyd ei ddwylo i atal y gân
Ond daliodd i ganu, a'i enaid ar dân,
Yn Santiago yn saith-deg-tri.

Yn Santiago yn saith-deg-tri
Gwelodd Victor Jara yr oriau du,
Poenydiwyd ei gorff gan fwystfil o ddyn,
Fe'i saethwyd am iddo garu ei bobol ei hun
Yn Santiago yn saith-deg-tri.
Mae cân Victor Jara i'w chlywed o hyd
Yn atsain yn uchel drwy wledydd y byd.
Fe erys y ffasgwyr, erys y trais
Ond gwrando mae'r bobol am alwad ei lais
Yn Santiago ein dyddiau ni.

Dafydd Iwan

GAIR AM AIR
gormes - annhegwch; gwasgu ar y gwan
ffasgaidd - rheolwyr gwlad sydd ddim yn gwrando ar farn y bobl

---

Yn dilyn y darllen

1. Beth wnâi Victor, yn ôl y faled, i godi ysbryd y carcharorion eraill?
2. Beth wnaeth y milwyr i'w rwystro rhag canu'r gitâr?
3. Er na allai ganu'r gitâr, daliodd i ganu â'i lais hyd ei ddiwedd. Mae'r faled yn sôn am 'herio gynnau' gyda chân. A yw'n bosibl i gân fod yn drech na gwn? Esboniwch eich safbwynt yn llawn.
4. Disgrifir y llofruddion fel 'ffasgaidd' yn y faled. Cynigiwch chwe ansoddair arall fyddai'n disgrifio eu gweithredoedd.

Roedd Guto Nyth Brân yn rhedwr enwog yn ei ddydd. Ar ei garreg fedd mae hanes rhai o'i gampau, ac yn eu plith ceir yr hanes trist sy'n cael ei ail-ddweud ar gân yn y faled hon:

Guto Nyth Brân

Mae mynwent yn Llanwynno
(Ni wn a fuost yno)
Lle rhoddwyd Guto o Nyth Brân
Dan raean mân i huno.

Ysgafndroed fel 'sgyfarnog,
A chwim oedd Guto enwog –
Yn wir, dywedent fod ei hynt
Yn gynt na'r gwynt na'r hebog.

Enillodd dlysau lawer;
Ond hyn sy'n drist, gwrandawer –
Fe aeth i'w fedd, er cyflymed oedd,
Flynyddoedd cyn ei amser.

Ymryson wnaeth yn ffolog,
Gan herio march a'i farchog
I'w guro ef ar gyflym daith
Dros hirfaith gwrs blinderog.

Daeth tyrfa fawr i ddilyn
Yr ornest awr y cychwyn –
A gwylio'r ddau a redai ras
O ddolydd glas y dyffryn.

Dros briffyrdd sych, caregog,
Dros gulffyrdd gwlyb a lleidiog,
Drwy'r llwch a'r dŵr, y rhed y gŵr
A'r march fel dau adeiniog.

Drwy lawer pentref llonydd,
Lle saif yn yr heolydd,
Ar bwys eu ffyn, yr hen wŷr syn
A'u barfau gwyn aflonydd.

Dros lawer cors a mawnog
Y dwg y march ei farchog –
A Guto ar ei warthaf rydd
Ryw lam fel hydd hedegog.

A'r dyrfa yn goriain,
A chŵn y fro yn ubain;
Mae'r bloeddio gwyllt fel terfysg cad
Trwy'r wlad yn diasbedain.

Fel milgwn ar y trywydd
Y dringant ochrau'r mynydd;
Dros fryn a phant, dros ffos a nant,
Cydredant gyda'i gilydd.

Dros briffyrdd sych, caregog,
Dros gulffyrdd gwlyb a lleidiog,
Drwy'r llwch a'r dŵr, y rhed y gŵr
A'r march fel dau adeiniog.

Ac wele, dacw'r gyrchfan
O flaen y rhedwyr buan;
Mae Guto ar y blaen yn awr,
A'r dyrfa fawr yn syfrdan.

Nid oes ond canllath eto . . .
Ond ugain . . . decllath eto . . .
A dacw'r march yn fawr ei dwrf
Bron wddf yn wddf â Guto.

Ysbardun llym a fflangell
Sy'n brathu'r march fel picell –
Ni thycia ddim; mae Guto chwim
O'i flaen ar draws y llinell.

A hirfloedd a dyr allan,
Gan lenwi'r dyffryn llydan –
Rhyw nerthol gawr, fel taran fawr,
A nef a llawr sy'n gwegian.

'Hwre, Hwre i Guto,
Nyth Brân a orfu eto';
Daw'r fanllef lon yn don ar don,
A'r gŵr bron â llesmeirio.

Ei riain a'i cofleidia,
Gan guro'i gefn – ond gwelwa
Y llanc ar fron yr eneth lân,
Ac yna'n druan trenga.

Cei ddarllen ar y beddfaen
Sydd uwch ei wely graean
Yr hanes trist, ac fel y caed
E'n gorff wrth draed ei riain.

Ac am ei roi i huno
Ym mynwent wen Llanwynno,
'R ôl curo'r march, yn fawr ei barch
Mewn derw arch ac amdo.

Ac yno yn Llanwynno
Yr huna Guto eto;
Er cyflymed oedd – ni all y llanc
Byth ddianc oddi yno.

I. D. Hooson

GAIR AM AIR
ymryson - cystadlu, herio
ffolog - ffol, talog
adeiniog - fel pe'n hedfan (gydag aden)
hydd - carw
goriain - gweiddi, crochlefain
ubain - udo
fflangell - chwip
llesmeirio - llewygu
rhiain - merch ifanc, cariad
trengi - marw
amdo - gwisg am y marw

Gwerthfawrogi'r gân

1. Un o ardal Llanwynno ym Morgannwg oedd Guto Nyth Brân ac i ganu'r faled amdano, mae'r bardd wedi dewis mesur o'r fro honno. Beth yw enw'r mesur hwn?
2. Sylwch ar y mesur a disgrifiwch ei nodweddion:

    a) nifer y sillafau ym mhob llinell
    b) patrwm odli

3. Stori am ras rhwng dyn a marchog a cheffyl sydd yma. Mae cyffro'r ras i'w glywed mewn ambell bennill – dewiswch un pennill yn arbennig sy'n cyfleu rhuthr y rhedeg. Sut mae'r pennill arbennig hwnnw yn llwyddo i ddarlunio'r cyffro?
4. Mae sawl cymhariaeth yn y faled sy'n disgrifio cyflymder y rhedwr. Ceisiwch nodi cymaint ag y medrwch.
5. Oedd, roedd Guto yn rhedwr cyflym iawn yn ei ddydd. Ond beth yw'r tro yng nghynffon y faled?

Cyflwyno bardd: Mihangel Morgan

Cyfarfod â Mihangel Morgan
Cafodd ei fagu yn Aberdâr yn ne Cymru ond nawr mae'n byw mewn bwthyn bach yn Nhal-y-bont, Ceredigion. Mae'n gweithio yn y brifysgol yn Aberystwyth, yn yr Adran Gymraeg ac yn sgrifennu nofelau, storïau a cherddi. Mae ganddo gi o'r enw Losin a chath o'r enw Cybi. Mae'n licio siocled ac mae'n gas ganddo fathemateg.

* * *

Mae Mihangel Morgan yn hoff iawn o gyflwyno a disgrifio pobl wahanol a rhyfedd yn ei nofelau, ei storïau a'i gerddi. Eto, mae pawb yn rhyfedd yn ei ffordd ei hun ac mae ei gerdd gyntaf yn y casgliad hwn yn disgrifio llond cymdogaeth gyfan o unigolion hynod.

Y Gymdogaeth
Mae Mrs Eynon fwyn a thew
Yn cadw ei gŵr mewn cwpwrdd rhew.

Mae Mrs Danvers goch ei phryd
Yn gas wrth gŵn ar hyd y stryd.

Mae Mr Mellors, yr hen lanc,
Wedi llosgi'i chwaer wrth y stanc.

Mae Miss Gibbon hen a llwyd
Yn yfed gwaed gyda'i bwyd.

Mae Mrs Jenkins 'Llys y Milwr',
Yn cadw nadroedd yn ei pharlwr.

Mae Mrs Evans *'Sunny Nook'*,
Wedi mynd i ffwrdd, wrth lwc.

Mae Mrs Lewis *'Chez Nous'*
Yn ymweld â'i theulu yn y sŵ.

Mae Mrs Jackson *'Dunroamin'*,
Yn tyfu planhigion anghyffredin.

Mae Mrs Schmid, drws-nesa-ond-un,
Yn cerdded o gwmpas yn noethlymun.

Mae Dr Thomas *'Pistyll y Pant'*,
Yn cadw adar ac yn bwyta plant.

Mae Mrs Lloyd, sy'n ffroenuchel,
Yn cadw'i gŵr mewn bin sbwriel.

Mae Mr Roberts, y dyn mawr,
Wedi claddu'i wraig dan y llawr.

Mae Mr Morgan yr hen fardd
Wedi claddu'i hunan yn yr ardd.

Mae Mrs Higgins yn ei chôt ffwr
Wedi mynd yn wyllt a lladd ei gŵr.

I Mrs Rowlands roedd bywyd yn fwrn,
Felly dododd ei gŵr yn y ffwrn.

Mae Mrs George yn fenyw lydan,
A golchodd ei phlant mewn dŵr a thrydan.

A Mrs Jones, hoiti-toiti,
Anghofiodd ei phlant yng Nghastell Coity.

Mae Miss Pritchard, 'Palas Bach',
Yn cadw llyffaint, mae hi'n wrach.

Mae Mrs Smith, mor grand a hy,
Yn cadw sgerbydau ar hyd y tŷ.

Mae Mrs Hughes, 'co hi yn ei char,
Yn cadw'i gŵr mewn cwtsh-dan-stâr.

Mae'r Parchedig Wyn, yr efengyl
Yn sombi cas, blin a dyl.

'Does neb yn gall yn y stryd i gyd,
Ar wahân i mi, ac rydw i'n ysbryd.

GAIR AM AIR
stanc - polyn, postyn
hoiti-toiti - ffroenuchel, la-di-da

Yn dilyn y darllen
1. Pa un yw eich hoff gymeriad yn y gerdd hon? Pam mae hwnnw'n apelio atoch?
2. Mae rhai cymeriadau yn cael eu hadnabod wrth enwau eu tai, eraill yn ôl eu gwaith, a rhai yn ôl disgrifiad. Ewch drwy'r gerdd eto a nodwch i ba ddosbarth y mae pob cymeriad yn perthyn.
3. Edrychwch ar batrwm y penillion hyn – dwy linell yn odli sydd ym mhob un. Cwpled yw'r enw ar ddwy linell yn odli – ceisiwch lunio rhyw dri phennill, ar batrwm y cwpledi hyn, am bobl ryfedd ac od a allai fod yn byw yn eich bro chi.
4. Ar ddiwedd y gerdd, rydym yn cael ar ddeall fod yr 'awdur', sy'n gweld pawb arall yn rhyfedd, yn ysbryd! Pa ddiweddglo arall fedrwch chi ei awgrymu i'r gerdd? Gallasai'r 'awdur' fod yn llawer o bethau eraill heblaw ysbryd. Beth?

Darllenwch y gerdd isod, 'Nant y Mynydd' gan Ceiriog. Mae'n gerdd enwog ac adnabyddus yn y Gymraeg.

Nant y Mynydd
Nant y Mynydd groyw loyw,
   Yn ymdroelli tua'r pant,
Rhwng y brwyn yn sisial ganu, –
   O na bawn i fel y nant!

Grug y Mynydd yn eu blodau,
   Edrych arnynt hiraeth ddug
Am gael aros ar y bryniau
   Yn yr awel efo'r grug.

Adar mân y mynydd uchel
   Godant yn yr awel iach,
O'r naill drum i'r llall yn 'hedeg, –
   O na bawn fel 'deryn bach!

Mab y Mynydd ydwyf innau
   Oddi cartref yn gwneud cân,
Ond mae 'nghalon yn y mynydd
   Efo'r grug a'r adar mân.

Yn awr, darllenwch 'Cân ger yr Afon' isod gan Mihangel Morgan. Yr hyn mae'r bardd yn ei wneud yw defnyddio patrwm y gerdd wreiddiol, cadw rhai pethau sy'n atgoffa'r darllenydd o'r gwreiddiol ond newid digon ar y geiriau nes bod ystyr hollol wahanol i'r gerdd newydd. Yr enw ar ddynwared a newid cerdd fel hyn yw *parodi*.

Cân ger yr Afon
Nant y Pentre gynt yn loyw,
   Yn ymdroelli tua'r pant,
Rhwng y rwtsh a'r sbwriel drewllyd,
   'Does pysgodyn yn y nant.

Baw y Pentre yn ymgasglu
   Ar y gwaelod, ar y lan;
Ni bydd modd i'r afon symud
   Nac ymdroelli yn y man.

Llygod mawr y Pentre agos
   A ddaw at y dŵr liw dydd,
Yno cânt y pigion gorau
   A chael mynd a dod yn rhydd.

Mab y Pentre ydwyf innau
   Yn gweld afon lawn o dom;
Troli siopa, bagiau sbwriel,
   Dyma gân i'r galon drom.

Cân ger yr Afon/Nant y Mynydd
1. Lluniwch restr o bethau yn y penillion sy'n llygru 'Nant y Pentref'.
2. Yng ngherdd Ceiriog, ceir darlun o nant lân, hyfryd. Mae llun Mihangel Morgan yn un hollol wahanol. Chwiliwch am y geiriau yn y parodi sy'n cyfateb i'r rhai yn y gwreiddiol:
   groyw, loyw –
   brwyn –
   grug y mynydd –
   adar mân –
3. Mae gweld y nant arbennig hon yn y cyflwr y mae hi, yn peri bod gan yr awdur galon drom? Chwiliwch am eiriau a dywediadau eraill sy'n golygu yr un peth â dweud bod gan rywun 'galon drom'.

* * *

Enw Cymraeg slic ar *feicro-don* yw 'popty-ping'. Mae'r enw yn un da iawn gan fod ei sŵn yn egluro'n syth beth ydyw. Pan ddaeth y poptai hyn ar y farchnad am y tro cyntaf, roedd llawer o straeon am bobl yn camddeall eu pŵer. Roedd rhai yn rhoi wyau i'w berwi yn y popty-ping. Y canlyniad oedd bod yr wy yn ffrwydro. Eraill yn rhoi tun o ffa pob heb ei agor ynddo – a'r canlyniad rywbeth yn debyg, dim ond bod y llanast yn waeth.

Os byddai rhai pobl wedi cael eu dal mewn cawod o law, byddent yn rhoi cap gwlyb yn y popty-ping am ychydig eiliadau er mwyn ei sychu. Mae straeon mwy erchyll ar gael hefyd a dyna sydd y tu ôl i'r gerdd nesaf gan Mihangel Morgan:

Ping
Popiodd
Y Parchedig
Penri
Pappington-Puw,
Pepi
Y pwdl
Yn y popty-ping –

Ond
Pan aeth y popty
Ping-pinciti-ping-ping-ping
Roedd
Pepi
Y pwdl yn …
… Saws.

Y patrwm ar y parsel
1. Sylwch fel y mae bron pob gair yn y gerdd yn dechrau â'r un llythyren. Pa lythyren yw honno? Ydych chi'n meddwl bod sŵn y gerdd gyfan i fod i'ch atgoffa o rywbeth? Beth?
2. Mae un gair amlwg yn y gerdd **nad** yw'n dechrau gyda 'p'. Pa un yw hwnnw?
3. Pam ydych yn meddwl bod y bardd wedi newid y sŵn ar gyfer diweddglo'r gerdd?

Holi Mihangel Morgan

Ydi pethau trist, fel hanes Pepi y Pwdl, i fod i wneud inni chwerthin weithiau?
Fyddwn i byth yn dodi fy nghi annwyl, Losin, yn y popty-ping. Ond weithiau rydyn ni'n deall bod rhywbeth yn jôc, a dydyn nhw ddim yn digwydd go-iawn. Yn y gerdd hon, sŵn y llythyren 'p' yn cael ei hailadrodd sy'n ddigri.

Rydych chi'n hoff iawn o sŵn geiriau ac enwau gwahanol, ddwedwn i. Beth yw'r apêl mewn enwau fel Mrs Higgins, Mrs Schmid, Chez Nous, Castell Coity a'r Parchedig Penri Pappington-Puw?
Weithiau mae bardd yn gorfod dyfeisio gair neu enw i gael odl *Chez Nous* a *sŵ*, *Sunny Nook* a *lwc*, er enghraifft. Ac os oes angen enw newydd, man a man iddo fod yn un od iawn.

Fedrwch chi roi enghraifft o un o'ch 'geiriau gwneud' ac esbonio o ble y daeth y syniad?
Amhannerwedichwarteriam. Ond a gweud y gwir, fy mam ddyfeisiodd y gair hwn, mewn ffordd. Pan fyddwn i'n gofyn faint o'r gloch oedd hi o hyd, nes ei blino hi, byddai hi'n ateb 'Hanner wedi chwarter i am'.

Mae llawer o bobl wahanol yn eich cerddi. Ymhle y byddwch chi'n sylwi ar bobl anghyffredin?
Mae pobl anghyffredin i'w cael ym mhobman. Yn wir, dwi ddim yn credu bod neb yn hollol gyffredin a di-nod. Mae pawb yn wahanol yn ei ffordd ei hun, felly, mae pawb yn unigryw ac yn anghyffredin.

Rhyw ben-blwydd

Heddiw yw fy mhen-blwydd,
Trannoeth fydd fy nghoes-blwydd,
Trennydd fydd fy mol-blwydd,
Tradwy fydd fy nhrwyn-blwydd,
Ddoe oedd fy nghlust-blwydd,
Echdoe oedd fy nhafod-blwydd.
Fy nghoes-blwydd, fy mol-blwydd,
Fy nhrwyn-blwydd, fy nghlust-blwydd,
Fy nhafod-blwydd, fy ngheg-blwydd
Mae pob dydd yn gorff-blwydd
A phob dydd yn rhyw ben-blwydd.

Chwarae gyda'r geiriau

1. Mae'r llinell gyntaf yn swnio'n uniongyrchol, hawdd ei deall. Sut mae'r ail linell yn newid ei hystyr?
2. Mae cyfoeth o eiriau am ddyddiau mewn perthynas â heddiw yn y Gymraeg. Pa ddyddiau'n union yw *trannoeth, trennydd, tradwy, echdoe?*

Ymestyn
Chwarae ag ystyr y gair pen mae'r gerdd – mae dau ystyr i'r gair sef 'pen draw/diwedd' a'r peth hwnnw yr ydym yn ei gario o gwmpas gyda ni ar ein hysgwyddau. Ceisiwch feddwl am air neu ymadrodd arall tebyg i 'pen-blwydd' a chwaraewch gyda'r ystyr yn yr un ffordd ag y gwnaeth Mihangel Morgan yn y gerdd hon. Dyma ychydig enghreifftiau ichi ddechrau arni:

troed y mynydd
braich o heulwen
llygad y storm
crib y mynydd . . .

'Mae gen i bimpl melyn'

Parodio

Dynwared darn o farddoniaeth neu gân yw ystyr parodïo. Mae'n golygu mwy na dim ond dilyn yr un mesur, yr un rhythm, yr un patrwm odli. Mae'n golygu cadw rhai o'r geiriau gwreiddiol hefyd. Bydd parodi yn ein hatgoffa o'r gân neu'r gerdd sy'n gosod y patrwm ond yna yn dilyn ei lwybr ei hun. Yn aml iawn, testun dipyn o sbort yw'r parodi – defnyddio cerdd adnabyddus i ganu'n ysgafn am y testun.

Dyma ichi bennill o hwiangerdd hyfryd o waith Eifion Wyn:

Dacw alarch ar y llyn
Yn ei gwch o sidan gwyn,
Dyma afal melyn crwn
Anrheg Mam i mi yw hwn.

Roedd plant Bethesda, Porthmadog a Phwllheli yn arfer adrodd parodi ar y rhigwm bach hwnnw a dyma fo:

Dacw alarch ar y llyn
Yn ei gwch o sidan gwyn,
Dyma bêl fach newydd sbon,
Jyst y peth i hitio'r *swan*.

Mae'r geiriau, rwy'n siŵr y cytunwch, yn ein hatgoffa'n syth o'r pennill gwreiddiol, ond mae'r parodi yn dipyn mwy amharchus na phennill Eifion Wyn.

Mae'r pennill hwn o emyn yn un adnabyddus:

Rhagluniaeth fawr y nef,
Mor rhyfedd yw
Esboniad helaeth hon
O arfaeth Duw.

Wedi noson stormus yn Nyffryn Conwy, cododd Twm Tyddyn Caib ffermwr o Lanbedrycennin y bore canlynol, a mynd at y ffenest i weld faint o lanast a adawyd ar ei ôl gan y gwynt. Roedd ambell i goeden wedi disgyn ac er gofid mawr i'r ffermwr, gwelodd fod clamp o dderwen wedi disgyn ar ben ei gwt ieir nes bod hwnnw'n chwilfriw. Chwalwyd y styllod coed ar hyd y berllan ond cymerodd gysur o weld bod yr ieir i gyd yn fyw ac yn iach. Ar amrantiad, dyma'r ffermwr yn adrodd ei barodi ar y pennill emyn:

Rhagluniaeth fawr y nef,
Mor rhyfedd yw:
Yr hen gwt ieir yn racs
A'r ieir i gyd yn fyw.

Yn y bennod flaenorol, cawsom ein cyflwyno i barodi ar 'Nant y Mynydd' gan Mihangel Morgan. Mae sawl parodi yn bosibl ar yr un un gerdd. Dyma enghraifft arall o barodi ar bennill cyntaf y gerdd gan Ceiriog:

Nant y Mynydd
Nant y mynydd *gromium plated*
 Yn chwyrnellu tua'r tap,
Rhwng y peips yn sisial ganu,
 Byddaf draw yn Lloegr chwap!

D. Jacob Davies

Mae parodi yn aml yn tynnu sylw at bethau sydd yn y newyddion ar y pryd. Cyfansoddwyd y parodi un pennill hwn yn niwedd y 1960au pan oedd llawer o Gymry yn protestio yn erbyn dinasoedd o Loegr oedd yn meddiannu cymoedd yn ucheldiroedd Cymru, yn eu boddi ac yn creu cronfa ddŵr a phibellu'r dŵr i'w dinasoedd heb dalu ceiniog amdano.

Sylwch ar y gerdd wreiddiol a nodwch pa eiriau newydd sydd yn y parodi. Pam mae 'Nant y Mynydd' yn destun da i barodi sy'n gwrthwynebu cronfeydd dŵr?

* * *

Dro arall, ceir parodi o gerdd gyfan – nid dim ond addasiad sydyn o un pennill cyfarwydd. Unwaith eto, mae gofyn bod y gerdd gyfan yn eithaf hysbys i'r gynulleidfa fel ei bod yn medru gwerthfawrogi beth sy'n debyg i'r gwreiddiol a beth yw'r gwahaniaeth. Mae'r gân hon i'r gog gan Ceiriog yn hen ffefryn yn y Gymraeg.

Y Gwcw
Wrth ddychwel tuag adref
 Mi glywais gwcw lon
Oedd newydd groesi'r moroedd
 I'r ynys fechan hon.

A chwcw gynta'r tymor
 A ganai yn y coed
'R un fath â'r gwcw gyntaf
 A ganodd gynta' 'rioed.

Mi drois yn ôl i chwilio
 Y glasgoed yn y llwyn,
I edrych rhwng y brigau
 P'le 'r oedd y deryn mwyn.

Mi gerddais nes dychwelais
 O dan fy medw bren,
Ac yno 'r oedd y gwcw
 Yn canu uwch fy mhen.

O diolch iti, gwcw,
 Ein bod ni yma'n cwrdd;
Mi sychais i fy llygaid
 A'r gwcw aeth i ffwrdd.

Ceiriog

Am ei bod mor adnabyddus, mae nifer fawr o barodïau arni a dyma un enghraifft. Cerdd i aderyn yn canu yw'r un wreiddiol; cerdd i ganwr yw'r parodi hefyd – ond canwr cynddeiriog o wael ydyw, yn crwnio yn echrydus ar y radio. Gwneud hwyl am ben y canwr hwnnw yw diben y parodi.

Y Crwniwr
(Gydag ymddiheuriad i Geiriog a'i Gwcw)

Wrth wrando ar y radio
    Mi glywais grwniwr lleddf,
A'i sŵn oedd fel pe lleisiai
    Rhyw ful yn ôl ei reddf.

A'r crwniwr hwn a glywais
    A grwniodd felly 'rioed,
'R un fath â'r 'crwniwr' cyntaf
    Gregleisiodd yn y coed.

Mi drois y nob i chwilio
    Am raglen well i'm bryd,
Gan edrych dros ffigurau
    Gorsafoedd radio'r byd.

A throais nes dychwelais
    'Rôl crwydro cylch y nen,
Ac eto 'roedd y crwniwr
    Yn gweiddi nerth ei ben.

Diolch fod nobyn arall
    I'r set sydd ar fy mwrdd;
Mi droais hwnnw'n sydyn
    A'r crwniwr aeth i ffwrdd.

Anhysbys

GAIR AM AIR
crwniwr - canwr undonog
cregleisio - lleisio'n gras

Ewch drwy'r gerdd a'r parodi a sylwch ar y geiriau/llinellau sy'n debyg neu'n adleisio ei gilydd. Yna, sylwch ar yr hyn sy'n newydd yn y parodi. Llawer o hwyl parodïo yw bod y gynulleidfa yn disgwyl llinell arbennig gan eu bod yn cofio'r gwreiddiol ond yna'n cael eu syfrdanu gan linell newydd y parodi.

Ewch drwy'r parodi eto a thynnwch sylw at bob gair a disgrifiad sy'n gwawdio dull y 'crwniwr' o ganu.

Cerdd adnabyddus arall gan Ceiriog yw 'Aros a Myned' [gweler y bennod gyntaf . . .]. Dyma barodi arni hithau. Alun Mabon oedd y bugail yn y gerdd, ond gwelwn fod hwnnw wedi cael enw newydd bellach. Rhyw fath o hipi blêr a lliwgar oedd Beatnic yn nyddiau'r parodi hwn.

Alun Beatnic

Aros mae'r mynyddau mawr,
    Rhuo trostynt fel y gwynt
Mae'r ceir modur cyn y wawr
    Gan chwyrnellu megis cynt;
Eto gwelir *litter bin*
    O gylch traed y graig a'r tent,
Ond poteli newydd *gin*
    Ddwed fod eraill wedi went.

Ar arferion Cymru gynt
    Newid ddaeth o *road* i *road*:
Aeth pererin ar ei hynt
    Mae'r hitsheicwr wedi dod.
Wedi oes o sinsir bîr
    Dilyn mapiau ydyw mwy,
Ond mae'r heniaith yn y tir
    Draw ar gerrig bedd y plwy'.

D. Jacob Davies

GAIR AM AIR
chwyrnellu - gwibio'n gyflym
pererin - teithiwr yn ymweld â safleoedd crefyddol
sinsir bîr - 'ginger beer'

Dilyn y daith

1. Trafod y newid oedd wedi digwydd yng Nghymru a wna'r gerdd wreiddiol. Mae'r parodïwr wedi benthyca'r thema honno ac wedi gweld llawer mwy o newid nag a welodd Ceiriog. Ewch drwy'r gerdd i chwilio am y pethau newydd, 'modern' sydd ynddi.
2. Beth yw'r gwahaniaeth rhwng 'pererin' a 'hitsheiciwr'?
3. Mae'r 'heniaith' yma o hyd – ond lle mae hi bellach? Arwydd o beth yw hynny?
4. Mae awdur y gerdd wreiddiol yn ein cysuro fod rhai pethau yn aros yr un fath o hyd. Beth, dybiwch chi, yw neges y parodïwr?

* * *

Mae'r gerdd nesaf ychydig yn wahanol. Mae'n cymryd pennill traddodiadol fel man cychwyn ac yna'n mynd â'r dychymyg i gyfeiriad annisgwyl:

Robin goch

Robin goch ddaeth ar y rhiniog
I ofyn tamaid heb 'run geiniog,
Ac yn dwedyd mor ysmala:
'Mae hi'n oer, mi ddaw yn eira.'

Dwedais innau'n hynod dirion:
'Cau dy big, y lembo gwirion!
Sut daw hi'n eira'r deryn c'lwyddog,
A hithau'n haf hirfelyn tesog?'

A dyna blannu 'nhroed yn union
Mewn rhyw fan o dan ei gynffon,
Yna dwedyd yn ysmala:
'Mwynha dy siwrnai fach i Jeina!'

Ond bore heddiw, dyma ddeffro
A chael fy ngwely'n eira drosto.
Oer a b'rugog oeddwn innau
A 'nhrwyn yn las, a 'ngwallt yn bigau.

Ie, robin goch ddaeth ar y rhiniog
I ofyn tamaid heb 'run geiniog,
O! Os daw acw dderyn diarth,
Dyro iddo stecsan anfarth!

Twm Morys

GAIR AM AIR
ysmala - doniol, digri
tesog - braf, heulog
b'rugog - llawn barrug/llwydrew
stecsan - 'stêc' o gig

Hedfan gyda'r dychymyg

1. Pam nad yw'r bardd yn credu'r Robin goch pan ddaw ato i ddweud ei bod am eira?
2. Sut y cafodd wared â'r aderyn oedd yn gofyn cardod?
3. Beth fu hanes y bardd ar ôl hynny?
4. Pam oedd o wedi newid ei agwedd at yr aderyn erbyn y diwedd?

Mae'r hen benillion 'Ar lan y môr mae rhosys cochion' yn adnabyddus iawn – penillion hyfryd a hiraethus am fin y traeth. Dyma'r parodi:

Penillion ar Lan y Môr

Ar lan y môr mae tuniau rhydlyd,
Ar lan y môr mae sbwriel hefyd,
Ar lan y môr mae bagiau plastig,
Ac olew du ar garreg lithrig.

Ar lan y môr mae gwylan gelain
Fu'n hedfan ar adenydd buain:
Yn awr mae'n gorwedd ar y tywod,
Ymhlith y baw a'r holl ffieidd-dod.

Mihangel Morgan

1. Lluniwch restr o'r hyn a wêl y parodïwr ar lan y môr erbyn heddiw. Darluniau o beth yw'r rhain?
2. Mae'r gerdd wreiddiol yn sôn am hyfrydwch glan y môr. Pam mae'r parodi eisiau ein hatgoffa o hyfrydwch yr hen benillion telyn?

* * *

Mae'r gerdd nesaf hefyd yn defnyddio elfen o barodïo er mwyn i naws y gwreiddiol ddyfnhau'r hyn sy'n cael ei ddarlunio yn y gerdd newydd.

Heno, heno, hen blant bach
Heno, heno, dau gwb,
Dau gwb deg oed,
Heno yn curo,
Curo ar ddôr;
A hen wraig, fechan fach,
Fusgrell yn stryffaglio
Ar hyd lobi i'w hagor.

Heno, heno, dau gwb,
Dau gwb deg oed
Yn gwthio, yn ergydio ei dôr
I'w hwyneb nes bod
Ei sbectol yn grinjian i'w phen
A hithau, heno, yn cwympo –
Yr hen wraig fechan fach.

Heno, heno, dau gwb,
Dau gwb deg oed,
Â darnau cadarn, cry'
O haearn yn malu, malu
Yn waedlyd ei phenglog
Nes bod briwsion o'i hesgyrn
A strempiau o gochni,
Heno, ar hyd ei lobi.

Heno, heno, dau gwb,
Dau gwb deg oed
Yn strachu trwy ei hystafelloedd,
Yn sgrialu trwy ei phethau,
Heno – am ddeuddeg punt.

Heno, heno dau gwb,
Dau gwb deg oed
Yn prynu Smarties, Smarties
Hen blant bach,
Bwyta bwyta Smarties.

Hen blant bach;
Yna'n cysgu, cysgu
Hen blant bach –
A hynny'n dawel heno,
Heno, hen plant bach.

Gwyn Thomas

GAIR AM AIR
cwb - llanc ifanc
musgrell - llesg, cael trafferth i symud
stryffaglio - ymdrechu'n chwithig
grinjan - gwasgu
strempiau - llanast, strepiau blêr
strachu - creu llanast
sgrialu - chwalu

Y gân galed

1. Mae'r gerdd hon yn adleisio penillion yr hwiangerdd hon:

Dime, dime, hen blant bach
Dime, dime, hen blant bach
Heno, heno, hen blant bach
Heno, heno, heno, hen blant bach a y y b

Beth yw hwiangerdd? Enwch ragor ohonynt.
2. Sut ddarlun o blant a geir mewn hwiangerdd fel rheol?
3. Beth mae'r 'ddau gwb deg oed' yn ei wneud yn y gerdd hon? Pam maen nhw'n gwneud hynny?

4. Mae llawer o ailadrodd yn yr hwiangerdd wreiddiol. Nodwch pa ddefnydd o ailadrodd a wneir yn y gerdd newydd.
5. Pam mae 'heno' yn cael ei ailadrodd cymaint o weithiau dybiwch chi?
6. Cael plentyn i gysgu'n dawel oedd nod yr hwiangerdd wreiddiol ond pam mae'r cysgu'n 'dawel' yn ein synnu ar ddiwedd y gerdd hon?

Ymestyn
Chwiliwch am gerdd neu bennill sy'n gyfarwydd i'ch dosbarth chi. Efallai mai cân fydd hi. Ewch ati i chwarae gyda'r geiriau, tynnu rhai i ffwrdd, ychwanegu rhai eich hun fel bod y cyfan yn mynd i gyfeiriad newydd. Os llwyddwch, byddwch wedi llunio parodi . . .

Yn y cyfamser, mwynhewch y gerdd nesaf, sydd eto yn enghraifft o ddechrau gyda phennill o barodi a dilyn y dychymyg. Atgof o ba hwiangerdd arall gawn ni yn y pedair llinell cyntaf?

Yr Arddegau
Mae gen i bimpl melyn
yn codi'n bedair oed
a phedwar pimpl arall
ac un o dan fy nhroed.
Mi wasgaf ac mi wasgaf
yn y bathrwm nos a dydd,
ymolchaf efo Phisohex
fy nhalcen a fy ngrudd.

Ond er yr oriau lawer
rydw i'n dreulio o flaen y drych
'sa waeth 'mi heb â phonsio,
mae 'ngwyneb i fel brych.
A finnau isio denu
un o genod dosbarth pump,
sut fedra' i pan ma' 'ngwyneb i
ynghudd dan drwch o bimp-
ls?

Mae gen i flew yn tyfu
dan fy nghesail, ar 'y mrest,
yn debyg i Sean Connery,
mae'r genod yn *impressed.*
Wel, fasen nhw heblaw am
y sbots 'ma, sydd yn bla;
maen nhw genna'i yn y gaea',
maen nhw genna'i yn yr ha'.

Dwi'n dechre mynd yn wallgo,
gen i ferched ar 'y mrên;
mae'n rhaid cael profiad rhywiol
cyn imi fynd rhy hen.
Dwi ddim yn gwybod lle dwi'n mynd
nac os do' i at 'y nghoed,
dwi jyst gobeithio gwna' i fyw
i fod yn bymtheg oed.

Geraint Løvgreen

GAIR AM AIR
grudd - boch

'Pysgotwr unig'
Soned

Mae gan bob gwaith ei bleser. Mae gan bob gwaith hefyd ei funudau gwan. Ar adegau felly, mae'n hawdd iawn edrych ar waith pobl eraill a meddwl pa mor braf ydi hi arnyn nhw. Dyna braf ydi hi ar ffermwyr – ar gefn tractor drwy'r dydd; mae'n fyd go lew ar beilotiaid hefyd – cael teithio o amgylch y byd. Ac mae pawb yn meddwl bod y rhai sy'n gweithio mewn ysgolion yn ei chael hi'n hawddfyd go iawn – oes yna unrhyw un arall yn cael cymaint o wyliau? Ond pwy a ŵyr beth yw'r diflastod cudd sydd y tu ôl i weithio mewn ysgol hefyd?

Yr Ysgol

Dwi'n cyrraedd 'rysgol erbyn wyth bob dydd,
yn edrych 'mlaen at ddiwrnod da o waith,
gan ddiolch i'r rhieni am eu ffydd;
ond dydi 'mywyd ddim yn berffaith, chwaith,
'chos mae 'na un hen ddosbarth, Pedwar W,
sy'n llawn o nytars, seicos heb ddim brên;
'mond secs a failyns ydi'u pethe nhw,
heb falio dim am wyddor, iaith na llên.
Ryw ddydd mi ddof â gwn slygs efo fi
a'u saethu nhw o fa'ma i Dimbyctŵ:
'Jyst gwna fy niwrnod, pync,' ddywedaf i
wrth fandals gwallgo dosbarth Pedwar W.
Ond wedyn, siŵr gen i, fe ddaw 'na stop
ar 'ngyrfa ddisglair fel dyn loli-pop.

Geraint Løvgreen

Sylwi ar y cynnwys
1. Beth yw'r ddraenen yn ystlys y gweithiwr hwn?
2. Sut mae'n breuddwydio am gael gwared â'r broblem?
3. Beth sy'n ei atal rhag cyflawni hynny?

Sylwi ar y mesur

Cerdd un pennill yw 'Yr Ysgol' ond nid unrhyw fath o bennill chwaith. Mae'r gerdd yn dilyn patrwm arbennig o'r enw *soned*. O'r Eidal y daw'r enw: *sonnetto*, sef cân fechan. Cerdd yn cael ei chanu i gyfeiliant cerddorol oedd y soned yn wreiddiol.

Sylwch eto ar y mesur. Mae patrwm fel a ganlyn i'w ganfod ynddo:
Nifer y llinellau – 14
Nifer y sillafau ym mhob llinell – 10

Sylwch ar batrwm odlau'r soned. Mae diwedd pob llinell yn odli â diwedd rhyw linell arall yn y mesur. O edrych a chlustfeinio'n fanwl, byddwch yn canfod y patrwm odli canlynol:

llinell		odl	rhannau'r soned
1	Dwi'n cyrraedd 'rysgol erbyn wyth bob *dydd*,	a	pedwarawd
2	yn edrych 'mlaen at ddiwrnod da o *waith*,	b	
3	gan ddiolch i'r rhieni am eu *ffydd*;	a	
4	ond dydi 'mywyd ddim yn berffaith, *chwaith*,	b	
5	'chos mae 'na un hen ddosbarth, Pedwar *W*,	c	pedwarawd
6	sy'n llawn o nytars, seicos heb ddim *brên*;	ch	
7	'mond secs a failyns ydi'u pethe *nhw*,	c	
8	heb falio dim am wyddor, iaith na *llên*.	ch	
9	Ryw ddydd mi ddof â gwn slygs efo *fi*	d	pedwarawd
10	a'u saethu nhw o fa'ma i *Dimbyctŵ*.	dd	
11	Jyst gwna fy niwrnod, pync,' ddywedaf *i*	d	
12	wrth fandals gwallgo dosbarth Pedwar *W*.	dd	
13	Ond wedyn, siŵr gen i, fe ddaw 'na *stop*	e	cwpled clo
14	ar 'ngyrfa ddisglair fel dyn loli-*pop*.	e	

Mae'r patrwm odli, fel y gwelwch, yn eithaf cymhleth. Mae'r rhan fwyaf o'r pennill yn symud fesul pedwarawd o linellau sy'n odli bob yn ail ac yna i gloi'r soned ceir cwpled sy'n odli.

Un nodwedd arall sy'n perthyn i'r mesur yw'r ffordd y mae'r ystyr yn cael ei ddatblygu o fewn y llinellau. Mae'r ddau bedwarawd cyntaf yn cael eu cydio gyda'i gilydd fel rheol i gyflwyno'r testun – bydd y ddau yma yn cael eu hadnabod fel 'yr wythawd'. Yna bydd y syniad yn cael ei ddatblygu yn y trydydd pedwarawd a'r cwpled clo – dyma 'chwechawd' y soned. Bron yn ddieithriad, bydd 'tro' neu 'newid cywair' ar ddechrau'r chwechawd, a'r enw technegol ar y tro hwn yw'r *volta*. Yna, bydd y bardd yn cloi'r cyfan yn dawelach, efallai, yn y cwpled olaf.

Craffu'n fanylach

1. Ewch yn ôl at y soned gyntaf a nodwch yr wythawd a'r chwechawd.
2. Beth yw'r sefyllfa sy'n cael ei ddisgrifio yn yr wythawd?
3. Lle mae'r *volta* yn y soned hon?
4. Beth yw'r newid agwedd sy'n digwydd ar ddechrau'r chwechawd?
5. Beth sydd i gyfri am yr ymdawelu yn y cwpled clo?

* * *

Disgrifiodd rhywun Hollywood fel y 'ffatri freuddwydion'. Creu ffilmiau yw'r diwydiant yno a dyma lle mae'r sêr yn gweithio, byw a phartïo. Mae'n freuddwyd gan sawl actor a chynhyrchydd i gyrraedd yno ac mewn gwirionedd, creu breuddwyd o fyd ar sgrîn fawr y ffilmiau yw eu gwaith yn ogystal. Dyna destun y soned nesaf:

Hollywood

Hen nefoedd ein breuddwydion, lle'r oedd sêr
Yn byw fel duwiau mewn palasau heirdd;
Ninnau yn credu'r holl chwedloniaeth bêr
A'r mabinogi grewyd gan eu beirdd.
Tyrrem i wylio'u camau ar y sgrîn
Er mwyn cael dianc sbel o dlodi'n byd,
Gan suddo i'r t'wyllwch effro a phrofi rhin
Rhyw fywyd perffaith, llawn o liw a hud.
Ni welem ni, tu ôl i'r camerâu,
Y goedwig gelyn bigog lle roedd brath
Cenfigen, cyffur, siom yn creu dramâu
Tu hwnt i'n holl ddychymyg ni a'n bath;
Colur yn cuddio'r creithiau, gwên y brad,
A'r gemau gwych yn ddim ond gwydr rhad.

Brenda Wyn Jones

GAIR AM AIR
palasau heirdd - tai crand
rhin - hyfrydwch
brath - brathiad
bath - teip

Anelu'r camera

1. Yn wythawd y soned, pa eiriau sy'n cael eu defnyddio i gynrychioli'r straeon sy'n cael eu dangos ar y sgrîn?
2. Pa eiriau sy'n dangos darlun o berffeithrwydd a ffantasi yn y soned?
3. Beth, yn y chwechawd, sy'n dangos yr Hollywood go iawn?
4. Sylwch ar y cytseiniaid yn y llinellau ar ôl y *volta*. Oes yna batrwm yn dangos ei hun i chi? Pam, tybed, mae'r bardd wedi defnyddio techneg o'r fath?
5. Mae dau lun yn cloi'r soned ac mae'r ddau lun yn perthyn i fyd actio. Beth ydynt a sut rydych chi'n eu hesbonio?

* * *

Angor

Y mae dieithriaid weithiau yma'n dod
A synnu gweld yr angor ger y tŷ
Mor bell o'r môr, a minnau'n dweud ei bod
Ar un o longau'r Plas mewn oes a fu,
Ac yna'n trio gwneud rhyw jôc fach wan
Wrth gynnig llaw i'w derbyn dros y ddôr,
'Wrth honna'r ŷm ni'n rhaffo'r shime pan
Ddaw stormydd mawr y gaea' a'r gwynt o'r môr.'
Mae brws paent Siân a'i gofal wedi'i throi
A gwneud ohoni addurn digon tlws
Lle'r oedd y plant fel arfer yn crynhoi
Pan oeddent fanach, ond cael cil y drws.
Ac aed y byd yn bedyll, rwyf yn saff,
Ni'm dawr y storm â 'ngafael yn y rhaff.

Dic Jones

> **GAIR AM AIR**
> *pedyll* - padelli
> *ni'm dawr* - nid oes ots gen i am ...

Codi sgwarnog neu ddwy

1. Mae ymadroddion llafar yn y soned: 'cael cil y drws' ac 'aed y byd yn bedyll'. Beth yw ystyr y rheiny dybiwch chi?
2. Beth yw'r newid sy'n digwydd rhwng yr wythawd a'r chwechawd y tro hwn?
3. Hen ymadrodd yn golygu 'ni fuasai'r storm yn poeni dim arnaf' yw 'ni'm dawr'. Y bardd bellach, nid y simnai, sy'n dal yn sownd wrth yr angor. Ym mha ystyr y mae ef yn gwneud hynny?

Riteirio

Hen ffarmwr rhadlon doniol ydoedd Huw
Yn hoffi cwmni'r ci ar lwybrau'r ffridd,
A chwta ddigon wrth ei gefn at fyw
Er hir lafurio'n ddygyn yn y pridd.
Fe hoffai fynd i'r farchnad ac i'r ffair
I glywed hwn a'r llall yn trin y byd,
Ac ar y Sul câi hwyl wrth wrando'r Gair
A chanu mawl, a sôn am drysor drud.
Ac wedi troi ei ddeg a thrigain oed
Riteiriodd i gael pensiwn gan y wlad,
A'r job galetaf wnaeth 'r hen ffrind erioed
Oedd gadael gwaith a thir a'r hen ystad.
Mae pridd y ddaear bellach er ys tro
Yn ddistaw bach yn dechrau'i ffarmio fo.

Wil Oerddwr

> **GAIR AM AIR**
> *dygyn* - dyfal

Rhwng y llinellau

1. Esboniwch y drydedd linell yn fanwl.
2. Pam mai gadael gwaith oedd y 'job galetaf' i'r hen ffarmwr?
3. Beth yw'r gwahaniaeth rhwng y pridd y bu'r ffarmwr yn ei lafurio a'r 'pridd y ddaear' y sonnir amdano yn y cwpled clo?
4. Beth yw'r awgrym felly ar ddiwedd y soned?

* * *

Un o sonedwyr amlycaf y Gymraeg yw T.H. Parry-Williams, bardd a aned yn Rhyd-ddu yng nghanol mynyddoedd Eryri. Mae llawer o'i gerddi yn ymwneud â'i berthynas agos â thir garw ei fro enedigol. Llyn bychan ger Rhyd-ddu yw Llyn y Gadair, testun un o'i sonedau enwocaf.

Llyn y Gadair

Ni wêl y teithiwr talog mono bron
Wrth edrych dros ei fasddwr ar y wlad.
Mae mwy o harddwch ym mynyddoedd hon
Nag mewn rhyw ddarn o lyn, heb ddim ond bad
Pysgotwr unig, sydd yn chwipio'r dŵr
A rhwyfo plwc yn awr ac yn y man,
Fel adyn ar gyfeiliorn, neu fel gŵr
Ar ddyfroedd hunlle'n methu cyrraedd glan.
Ond mae rhyw ddewin â dieflig hud
Yn gwneuthur gweld ei wyneb i mi'n nef,
Er nad oes dim gogoniant yn ei bryd,
Na godidowgrwydd ar ei lannau ef –
Dim byd ond mawnog a'i boncyffion brau,
Dau glogwyn, a dwy chwarel wedi cau.

T.H. Parry-Williams

> **GAIR AM AIR**
> *adyn* - creadur unig, truan
> *ar gyfeiliorn* - ar ddisberod, ar goll
> *dieflig* - sinistr
> *godidowgrwydd* - gwychter

Sylwi ar y soned

1. Chwiliwch am y geiriau yn y pedwarawd cyntaf sydd wedi'u dewis yn ofalus i awgrymu mai llyn bach pitw a dibwys yw Llyn y Gadair.

2. Yn y chwechawd, mae'r bardd yn ystyried ei hun o dan afael rhyw ddewiniaeth od am ei fod ef yn gweld y llyn yn hardd, er bod golygfeydd llawer mwy godidog o'i gwmpas ym mhob man. Pam, yn eich barn chi, mae'r llyn mor annwyl ganddo?

3. 'Dim byd ond . . . ' yw geiriau cyntaf y cwpled clo. Mae'r bardd eto yn darostwng ei fro o flaen ein llygaid. Eto, rydym yn gwybod ei fod yn gwirioni ar yr union bethau hyn. 'Lleihad' yw'r enw ar hyn – gostwng rhywbeth er mwyn ei ddyrchafu. Edrychwch eto ar y cydbwysedd sydd yn y cwpled clo. Pa lythrennau a pha eiriau mae'r bardd yn eu defnyddio er mwyn cael y cydbwysedd hwnnw?

'Gwifrau rhyngom ni a'r gelyn'

Cerddi ar y thema: 'Rhyfel a thrais'

I'r rhan fwyaf ohonom, lluniau mewn papurau newydd neu adroddiadau ar y teledu yw'r agosaf a ddown at ryfel. Ac i'r rhan fwyaf ohonom, mae hynny'n hen ddigon agos. Mae gweld effaith rhyfel ar drefi, ar dai ac, yn waeth na dim, ar deuluoedd, yn ddigon inni obeithio o waelod calon na fyddwn yn profi dim byd tebyg i chwalfa rhyfel yn ystod ein dyddiau ar y ddaear.

Mae rhai wedi bod yn ddigon anffodus i fod yng nghanol rhyfeloedd. Mae amryw o feirdd wedi gweld erchyllta rhyfel hefyd. Yn union fel y mae darnau o ffilm a lluniau camera yn dangos effaith lladd a rhyfel, mae geiriau'r beirdd yn medru gwneud yr un peth.

Aeth Cynan i'r Rhyfel Mawr, sef y Rhyfel Byd Cyntaf, i wasanaethu gyda llu'r ambiwlans yn ffosydd Ffrainc. Ymladd cyntefig iawn oedd yn y rhyfel hwnnw – dwy fyddin anferth wedi tyllu ffosydd iddynt eu hunain ac yna yn ceisio croesi tir neb i hel y gelyn o'u ffosydd hwy. Parhaodd hyn dros bedair blynedd a chollwyd miliynau o fywydau. Mae'r gerdd hon yn disgrifio'n fyw iawn brofiadau'r milwyr ifanc oedd yn cael eu gorfodi i 'fynd dros y top' o'u ffosydd eu hunain i ymosod ar ffosydd y gelyn.

Mab y Bwthyn
(detholiad)

Cofiaf o hyd am ing y nos
Gyntaf a dreuliais yn y ffos,
Ac am y gynnau mawr yn bwrw
Llysnafedd tân, ac am y twrw
Pan rwygid bronnau'r meysydd llwm
Gan ddirdyniadau'r peswch trwm;
A'r dwymyn; – twymyn boeth ac oer
Pan grynai'r sêr, pan welwai'r lloer.
Cofiaf am y tawelwch hir
A ddaeth fel hunllef dros y tir
Cyn inni gychwyn gyda'r fidog
Ar arch y goleuadau gwridog.

Gwelwn dros ben yr ochor wleb
Ysbrydion gwelwon Rhandir Neb,
A'r gwifrau rhyngom ni a'r gelyn
Yn crynu megis tannau telyn
Tan hud rhyw fysedd anweledig.
Toc daeth y seren ddisgwyliedig;
A llamodd pob dyn ar ei draed
I gychwyn tua'r tywallt gwaed.

* * *

Rhwng hanner nos ac un o'r gloch
Daeth un o wŷr yr hetiau coch
I'n hannerch ni gerllaw'r mieri
Lle y buasai ffosydd 'Jerry'.
Mawr oedd y cyffro, mawr y stŵr,
A mawr y parch a gaffai'r gŵr.
Efô oedd Llywydd y Frigâd,
A difa dynion oedd ei drad.
Ond dwedai'r coch o gylch ei het
Na thriniai o mo'r *bayonet*.
Roedd ei sbienddrych yn odidog,
Ond beth a wyddai ef am fidog?

Dywedodd, 'Wel, fy mechgyn glân,
Aethoch fel diawliaid trwy'r llen-dân.
Ac yn y rhuthr neithiwr lladdwyd
Cannoedd o'r Ellmyn: ac fe naddwyd
Eich enwau ar goflechau'ch gwlad
Gyda gwroniaid penna'r gad;
Y mae eich baner heb un staen,
Yr ydym filltir bron ymlaen.'

Cynan

GAIR AM AIR
ing - poen
llysnafedd - slefr, stwff sleimi
dirdyniadau - poen, rhwygiadau
bidog - beionét
Rhandir Neb - 'No Man's Land'
Llywydd y Frigâd - brigadier
Ellmyn - Almaenwyr
coflechu - meini coffa

Gwerthfawrogi

1. Beth yw'r 'peswch trwm' yn y pennill cyntaf?
2. Beth oedd y 'seren ddisgwyliedig'?
3. Mae'r ddau bennill cyntaf yn sôn am y disgwyl cyn i'r milwyr adael y ffosydd a chroesi Rhandir Neb i ymosod ar y gelyn, sef yr Almaenwyr yn y rhyfel hwnnw (a elwir hefyd yn y gerdd yn 'Jerry' ac 'Ellmyn'). Beth yw'r sefyllfa erbyn y ddau bennill olaf?
4. Pwy yw 'un o wŷr yr hetiau coch'?
5. Mae'r swyddog yn canmol y milwyr, ond pam nad yw'r milwr yn teimlo'n gynnes at y swyddog?

6. Sut deimlad sydd i'r llinell olaf: 'Yr ydym filltir bron ymlaen'?

* * *

Gwlad fechan yn ne-ddwyrain Asia yw Fietnam. Yn ystod y 1960au, bu milwyr ac awyrlu America yn ymosod ar ran ogleddol y wlad er mwyn cadw eu dylanwad yn y rhan honno o'r byd. Rhan enbyd o'r rhyfel hwnnw oedd defnyddio awyrennau bomio anferth – y B52 – i ddymchwel trefi a phentrefi cyfan. Yn yr un cyfnod, bu daeargryn yn Nicaragua yng nghanolbarth America. Defnyddiodd yr Americanwyr, o dan arlywyddiaeth Nixon ar y pryd, yr un awyrennau i gario cynhaliaeth a meddyginiaeth i'r rhan honno o'r byd. Yr awyren B52 yw testun y gerdd – mae'n creu dinistr a cheisio lleddfu poen yr un pryd. Mae siâp y gerdd ar ffurf un o'r bomars anferth hyn a dylid darllen y gerdd o'r adenydd i mewn h.y. dechrau gyda 'NICARAGUA . . . ', hyd 'medd Nixon' yna symud i'r llinell olaf a darllen o 'FIETNAM . . . ' i fyny at 'medd Nixon'. Mae dwy aden yr awyren fel dwy law nad ydi'r naill yn sylweddoli beth mae'r llall yn ei wneud.

Nicaragua
NICARAGUA
  daeargryn
    yn y brifddinas
      danfonwyd awyrennau
        i gario bwyd dillad a moddion
          yn anrhegion nadolig medd nixon
          yn anrhegion nadolig medd nixon
        i gario bomiau dros y gogledd
      danfonwn awyrennau
    yn y drafodaeth
  trafferth
FIETNAM

Siôn Eirian

Rhwng y llinellau
1. Ychydig o eiriau sy'n wahanol rhwng dwy aden yr awyren. Beth ydynt?
2. Mae 'bwyd, dillad a moddion' yn anrhegion Nadolig go iawn. Er mwyn pwysleisio'r cysylltiad gyda'r Americanwyr sy'n ymddangos yn hael a charedig yn Nicaragua, mae'r bardd yn galw'r bomiau yng ngogledd Fietnam yn 'anrhegion Nadolig' yn ogystal. Mae'n gwneud defnydd eironig o'r geiriau yn y fan hon. Beth fyddai'n ddisgrifiad gonest o fomiau'r Americanwyr?

* * *

Llaw ar y Palmant
Llaw ar y palmant.
Braw a gwaed, darn o gig,
Gweiddi: llaw,
Llaw ar y palmant.

Yr oedd, yn y ddinas, bobl
Yn siopa, yn siarad, yn symud
Mewn byd saff. Mewn byd
Oedd wedi ei ddiffinio'n
Strydoedd, tai, siopau,
Ceir, bysus, dynion:
Cyfarwydd bethau.

Clec; adar yn codi,
Sŵn gwydyr yn malu,
Sŵn concrit yn torri,
Sŵn metel yn hollti,
Sŵn dynion yn marw;
A llwch, oglau llosgi, a gwaed.
Un ennyd o newid
A'r byd yn mynd yn lle
Y gellid ynddo ganfod llaw,
Llaw ar y palmant.

Rhywun, am reswm da mae'n debyg –
Un o'r ideolegau gwiw,
Cydraddoldeb, brawdgarwch, rhyddid –
Wedi malu bywyd
Yn stolpiau gwaedlyd a braw,
Yn gigyddiaeth lidiog a gweiddi,
Ac yn llaw, llaw ar y palmant.

Gwyn Thomas

GAIR AM AIR
idolegau - egwyddorion
stolpiau - tameidiau, chunks
cigyddiaeth - bwtsieraeth, lladdfa
llidog - cas, creulon

Sylwi

1. Cerdd am effaith bom ar dyrfa mewn tref gyffredin yw hon. Gall fod yn fom terfysgwyr neu'n daflegryn yn disgyn yn ddirybudd o'r awyr. Mae'r sawl sy'n defnyddio trais yn gwneud hynny am 'reswm da'. Maen nhw'n cyhoeddi wrth y byd eu bod yn gorfod gwneud hynny oherwydd . . . – chwiliwch am dri gair sy'n cael eu defnyddio yn y gerdd fel esgusodion cyffredin dros ddefnyddio trais.
2. Nid oes brawddeg gyfan ym mharagraff cyntaf y gerdd, dim ond geiriau ac ymadroddion ar draws ei gilydd. Pam mae'r bardd wedi dewis gwneud hynny, dybiwch chi?
3. Mewn eiliad o drais, mae popeth arferol yn cael ei droi i fod yn anarferol. Pam mae'r bardd yn tynnu sylw at y llaw ar y palmant?
4. Sylwch ar yr ansoddeiriau 'da' a 'gwiw' yn y pennill olaf. Mae'r bardd yn dweud un peth ond yn golygu rhywbeth arall. Fedrwch chi gynnig pa ansoddeiriau eraill sydd ar flaen ei dafod?

Ymestyn
Mae'r bardd yng nghanol y digwyddiad ac yn disgrifio'r olygfa o'i gwmpas. Mae fel gohebydd teledu neu newyddiadurwr ond eto mae ei adroddiad yn wahanol iawn. Ysgrifennwch stori bapur newydd am y digwyddiad gan ddefnyddio'ch dychymyg i lenwi bylchau yn yr wybodaeth. Cymharwch y gerdd a'ch adroddiad – bydd un yn cyflwyno ffeithiau a'r llall yn creu effaith arbennig.

* * *

Rydym i gyd yn gwybod fod brifo neu ladd pobl eraill yn anghywir. Mewn rhai rhannau o'r byd, wnaiff pobl ddim lladd pryfed hyd yn oed – iddyn nhw, mae bywyd mewn pry ac oherwydd hynny mae'n sanctaidd. Ond wnawn ni ddim meddwl ddwywaith cyn lladd pry. Mae hynny'n gwbl dderbyniol. Splat! Dyna un pry yn llai. Da iawn.

Eto, o astudio hanes, rydym yn dysgu bod un wlad, wrth ryfela â gwlad arall, yn aml yn galw'r genedl honno yn anifeiliaid. 'Moch ydyn nhw!' 'Bwystfilod rheibus ydyn nhw!' 'Pla ydyn nhw!' Ac oherwydd mai pla ac nid pobl ydyn nhw, mae'n iawn eu lladd. Llun o hynny sydd yn y gerdd gyntaf yn yr adran hon. Mae'r pedair llinell mewn italig ar ddechrau'r gerdd yn ddyfyniad o'r Beibl (Llyfr y Datguddiad) sy'n edrych ymlaen at gyfnod pan fydd pob anifail, pob person, pob cenedl yn byw mewn heddwch â'i gilydd.

Y bachgen bychan a'r gacynen

'A'r blaidd a drig gyda'r oen;
a'r llewpard a orwedd gyda'r myn;
y llo hefyd a chenau y llew
a'r anifail bras a fyddant ynghyd . . .'

Grêt!

Mi fydda i'n eitha parod
i arwain y rheini
i gyd . . .

rhyw ddydd . . .

falle.

Ond tan hynny
does na ddim modd
dw i'n mynd i rannu'r stafell hon
efo ti,
mêt!

SPLAAAAT!

Gwynne Williams

GAIR AM AIR
cacynen - gwenynen, picwnen
myn - gafr bychan
cenau - llew bach
bras - tew, bwystfilaidd

Manylu

1. Mae tri phâr o anifeiliaid yn y dyfyniad o Lyfr y Datguddiad yn y Beibl. Chwiliwch amdanyn nhw ac esboniwch pam y byddai'n rhyfeddod eu gweld yn gorwedd ynghyd?
2. Pam mai 'Grêt!' yw adwaith y bachgen bach? Pam mae o'n barod i edrych ymlaen at weld heddwch rhwng creaduriaid y ddaear?
3. Pa ddwy linell sy'n newid rhywfaint ar yr agwedd a geir yn y gair 'Grêt!'?
4. Beth sy'n digwydd 'tan hynny'?
5. Dim ond cacynen sy'n cael ei splatian yn y gerdd ond fedrwch chi newid 'rannau'r stafell hon' am 'rannau'r wlad hon'. Fedrwch chi awgrymu pwy ym mha wledydd yn y byd heddiw fyddai'n siarad fel hyn?

Dydi arweinwyr rhai gwledydd ddim yn ei chael hi'n anodd iawn dod o hyd i esgus dros ymosod ar wlad neu genedl arall. Maen nhw'n wahanol – lliw croen gwahanol, crefydd wahanol, iaith wahanol – ac oherwydd hynny, maen nhw'n dargedau.

Cosb

Am berthyn i genedl arbennig,
am fyw ar ryw benrhyn o'r byd,
am ddilyn traddodiad gwahanol,
am siarad iaith arall o hyd;

am fod â chroen coch, du neu felyn,
am addoli rhyw dduw ffwrdd-â-hi,
down â thanciau a thân a thaflegrau
i'ch cosbi â'n cyfiawnder ni.

Beirdd y Byd

Mynd dan yr wyneb

1. Mae chwe llinell cyntaf y gerdd yn cynnig esgusodion dros ryfela. Chwiliwch amdanyn nhw. Er eu bod nhw i gyd yn resymau gwahanol, maen nhw i gyd yn perthyn i'w gilydd ac yn adeiladu ar ei gilydd. Sut mae Beirdd y Byd wedi llwyddo i gael y teimlad hwnnw i mewn i'r llinellau?
2. Sonnir am ein 'cyfiawnder ni' yn y llinell olaf. Os oes yna'r fath beth â'n 'cyfiawnder ni', oes yna eu 'cyfiawnder nhw' yn ogystal? Mae cyfiawnder yn golygu bod yn deg â phawb. A yw ysbryd y gerdd yn cyfleu hynny? Fedrwch chi feddwl am eiriau cywirach na 'chyfiawnder' i'w rhoi yn y llinell olaf, felly?

Yn y gerdd ddiwethaf, mae trais yn golygu defnyddio 'tanciau a thân a thaflegrau'. Ond nid oes rhaid i'r anafiadau fod yn rhai corfforol yn unig. Mae modd gormesu hawliau dynol weithiau – megis hanes y *Welsh Not* yng Nghymru a dwyn brodorion o Affrica i fod yn gaethweision yn America.

Stori am drais yn erbyn pobl, yn erbyn hawliau pobl i fod yn gyfartal sydd yn y gerdd nesaf. Rhan o gerdd deledu 'Cadwynau yn y Meddwl' ydi hi. Mae'n ymwneud â brwydr y bobl dduon i gael hawliau cyfartal â'r gwynion yn America. Ar un adeg, nid oedd y bobl dduon yn cael rhannu yr un ysgolion, yr un ystafelloedd cyhoeddus – na hyd yn oed yr un seddau ar y bysus. Yn ystod y 1960au, ymgyrchodd y bobl dduon am eu hawliau ac un o'u harweinwyr oedd Martin Luther King.

Ar y bỳs yn Alabama

Ar y bỳs yn Alabama
Y cefn oedd lle'r dyn du
A disgwylid iddo, wrth reswm,
Ildio ei sedd yn fan'no
Os nad oedd lle i'r gwyn.

A than amgylchiadau fel hyn
Ar y cyntaf o Ragfyr mil-naw-pump-pump
Yr esgynnodd Mrs Rosa Parks (ddu)
I fỳs yn Cleveland Avenue, Montgomery,
Ac eistedd yn lluddedig
Yn rhes flaen rhan y blacs.

Digwyddodd y diwrnod hwnnw
Fod mwy o wynion yn y bỳs
Nag oedd o seddau-cadw.

Gorchmynnodd y gyrrwr, heb ddisgwyl dim ffỳs,
I Rosa ildio'r sedd
A sefyll fel blac cyffredin
Er mwyn i'r gwyn gael taro'i din
Blinderog ar glustog am dipyn.

'Na,'
Meddai Mrs Rosa Parks,
'Na, 'choda'i ddim.'

Ac yn y 'Na' hwnnw
Clywodd y gyrrwr dwrw
Dieithr i'w glustiau
Megis ffeil ar gadwynau
Yn rhygnu fel rhyddid.

Bygythiodd – cododd eraill –
Ond dal yn ddigyffro yr oedd Mrs Parks.
Am hynny fe gafodd ei restio
Oblegid dyna'r ffordd yr oedd pethau'n gweithio
Yng ngolwg gyfiawn y gyfraith.

Yn sgîl hyn
Y clywyd wedyn
Am y Parchedig Martin Luther King.

Gwyn Thomas

> **GAIR AM AIR**
> *lluddedig* - blinedig
> *rhygnu* - gwrthod llithro'n llyfn
> *cyfiawn* - teg

Ar y bỳs yn Alabama

1. Pa annhegwch oedd yn wynebu'r bobl dduon ar y bysys yn Alabama?
2. Mae'r bardd yn adrodd hanes un digwyddiad. Ond mae'n ddigwyddiad pwysig, chwyldroadol. Oherwydd hynny mae'n rhoi'r manylion eithaf inni fel pe bai'n adrodd y stori mewn papur newydd. Pa fanylion a gawn ni ganddo?
3. Pam mae'r bardd yn cyfeirio at y bobl dduon fel 'blacs'?
4. Am wrthod codi, cafodd Mrs Parks ei restio gan wŷr y gyfraith. Pam mae'r bardd felly yn dweud bod sŵn rhyddid ym mhrotest y wraig ddu?
5. Mae'r bardd yn cymharu y 'Na' i sŵn ffeil ar gadwynau. Pam y dewisodd y llun arbennig hwnnw i gyfleu'r sŵn?
6. Sut defnydd a wna'r bardd o'r ansoddair wrth sôn am 'olwg <u>gyfiawn</u> y gyfraith'?

Cyflwyno bardd: Elinor Wyn Reynolds

Mae gwrthdaro rhwng rhieni a phlant yn beth cyffredin ar sawl agwedd o'u bywydau – siopa, ffrindiau, dillad, steil gwallt, gwaith cartref ac yn y blaen. Gwahaniaeth barn rhwng dwy genhedlaeth sydd y tu ôl i'r gerdd gyntaf.

Cyfarfod ag Elinor

Mae Elinor Wyn Reynolds wedi byw mewn sawl lle yng Nghymru, o'r Felinheli i Fangor, o Gaerfyrddin i Gaerdydd ac mae'n mwynhau teithio i bob rhan o Gymru. Ar hyn o bryd, mae'n gweithio mewn theatr yn ne-orllewin Cymru. Mae Elinor wastad wedi mwynhau geiriau, hyd yn oed pan oedd hi'n blentyn yng Nghaerfyrddin, doedd dim yn well ganddi na dweud stori dda. Ers hynny, mae hi wedi ymarfer defnyddio geiriau bob dydd (er bod rhai o'i ffrindiau'n dymuno iddi ddefnyddio llai o eiriau – lot llai!), naill ai ar lafar neu ar bapur. Mae hi'n dwli ar farddoniaeth ac yn meddwl mai'r peth gorau yn y byd yw cerdd. Mae cerdd yn medru gwneud i bobl deimlo'n hapus ac yn drist, ac mae'n hawdd i'w chadw mewn poced. Bydd Elinor yn cynnal gweithdai barddoniaeth a gwneud darlleniadau mewn pob mathau o leoedd – o weithfeydd llechi i ffermydd anghysbell yn ogystal ag yn y dref. Mae barddoniaeth i bawb, meddai hi! Yn enwedig chi!

* * *

'Ma' Mam yn dweud . . .'

Ma' Mam yn dweud 'mod i'n ferch fach bert
Pan fo 'ngwallt mewn bwnshys
A fi mewn blows a sgert.
Ond 'ŵyr Mam ddim am y trwbwl
Dwi'n gael pan fydd bechgyn yn yr ysgol
Yn tynnu 'ngwallt; 'se'n well peidio cael bwnshys o gwbl.

Ma' Mam yn dweud 'mod i'n ferch fach ddeallus
A bod rhaid gwneud yn dda yn yr ysgol
Er mwyn cael tŷ neis a gŵr golygus.
Ond 'wŷr Mam ddim am fy nghynllunie innau
I fyw'r bywyd sengl heb orfod ffwdanu,
A bod yn bennaeth ar gwmni gwerth miliynau.

Elinor Wyn Reynolds

Holi ac ateb

1. Mae'r fam am i'r ferch edrych mewn ffordd arbennig drwy gael 'bwnshys' yn ei gwallt. Chwiliwch am ansoddeiriau mae'r fam yn eu defnyddio yn y gerdd i ddisgrifio'r ffordd y dymuna weld ei merch yn edrych.
2. Dychmygwch deimladau'r ferch o gael bwnshys yn ei gwallt. Pa eiriau fyddai'r ferch yn eu defnyddio er mwyn dweud nad yw'r bwnshys yn ymarferol?
3. Mae'r fam am i ddyfodol y ferch fynd i gyfeiriad arbennig. Meddyliwch am un gair i ddisgrifio'r patrwm hwnnw o fyw.
4. Chwiliwch am **un** gair i ddisgrifio uchelgais y ferch.

Ymestyn
Ysgrifennwch – yn ddychmygol, os mynnwch – ychydig linellau o ddeialog am rywbeth y mae rhiant am i'w blentyn ei wneud ond bod y mab neu'r ferch yn ceisio esbonio nad yw'n cytuno â hynny bellach.

---

* * *

Mae'n siŵr eich bod wedi gweld blodau wedi'u sychu. Efallai ichi fod wrthi rhyw dro yn rhoi blodyn rhwng dwy ddalen o bapur a rhoi pwysau trwm arnynt, er mwyn ei sychu. Bydd rhai yn sychu blodau er mwyn cofio am le neu amser arbennig. Mae blodau sych yn cael eu rhoi yn rhoddion yn ogystal. Yn y gerdd hon, mae'r bardd wedi agor nofel ac mae'n canfod blodyn sych rhwng ei dalennau.

Blodyn Llyfr

Rhwng dalennau'r nofel
gorwedd darn bach, crin o gariad;
yn foel heb betalau,
dim ond bonyn brau
a stwmpyn gwywedig lle bu
awdl foliant i fywyd.

Wedi codi'r petheuyn,
mae arogl
oesoedd o hen lyfrgelloedd llychlyd,
bellach, yn hongian yn drwm ar y stem;
ond caiff y distawrwydd llethol ei foddi gan
sibrydiad neges seml y blodyn.

'Cofia fi
tra bo'r blodyn.'
Mae'r angerdd a'r cariad yno o hyd, wedi crino ychydig.
Ond rhwng bys, bawd a dychymyg
fe ddaw'r cyffyrddiad trydanol cynta' eto'n fyw.

Elinor Wyn Reynolds

GAIR AM AIR
awdl foliant - cerdd hir yn canmol
petheuyn - peth bach
seml - ffurf fenywaidd yr ansoddair 'syml'
angerdd - teimlad cryf
crino - marw, gwywo

Deffro'r ymateb

1. Chwiliwch am yr ansoddeiriau mae'r bardd yn eu defnyddio yn y pennill cyntaf i ddisgrifio'r blodyn sych. Pe baech yn ychwanegu un arall atynt, beth fyddai hwnnw?
2. Sut y gall blodyn, pan fo'n fyw, fod yn 'awdl foliant i fywyd'?
3. Y gweld yw'r argraff gyntaf a gaiff y bardd o'r blodyn. Ar ôl disgrifio ei olwg, mae'n troi at un arall o'r synhwyrau. Pa un ydyw? Pa neges sydd gan y synnwyr hwnnw eto?
4. Yn olaf, mae'n troi at y clyw ac yn dychmygu clywed 'neges seml y blodyn'. Beth mae'r blodyn yn ei ddweud? Ceisiwch esbonio hyn yn eich geiriau eich hun.
5. Er bod y blodyn 'wedi crino ychydig' mae'r bardd yn teimlo'r 'cyffyrddiad trydanol cynta". Sut fuasech chi'n esbonio 'rhwng bys, bawd a dychymyg'?

* * *

Gêm o dennis bwrdd yw'r ddrama y tu ôl i'r gerdd nesaf. Mae perthynas dau berson yn cael eu darlunio fel dau chwaraewr o boptu'r bwrdd gwyrdd llydan, y naill yn procio ymateb gan y llall.

Ping-pong perthynas

Gwnaiff y ddau ohonom ni syllu ar
y bêl yn gorwedd ar gledr llaw yn nerfus,
anniddig;
pêl fach, gron, wen, ysgafn
syllu am hydoedd cyn dechrau'r gêm,
cyn mynd ati o ddifri' i waldio rwber yn
erbyn plastig
i weld pa mor ffantastig o elastig yw'n
perthynas ni.
Naill ben i'r bwrdd petryal, gwyrdd, llyfn,
ar y cychwyn fel hyn, wyneb yn wyneb,
mae'n gêm o ddau hanner,
gall fynd un ffordd neu fel arall –
'fydd y gêm ddim drosodd hyd nes i'r
ddynes dew ganu
ac ma' hi wedi colli'i llais.

'Nôl wrth y bwrdd caiff y ddwy ochr gwrdd
a phob poc-poc-poc pêl yn dod ag ateb toc.

'Wyt ti'n sylweddoli 'mod i'n dy hoffi di?
Yn arogli'r haul yn dy wên, yn teimlo'n fyw
i'r byw?'

        'A minnau'n dy hoffi dithau i'r un
        graddau.'

'Wyt ti'n gwybod 'mod i'n hoff o dy
deulu? dy dŷ? ond yn bennaf oll, tydi?'

    'Dwi'n mwynhau cwmni dy fêts, bod yn
    dy fâth; dy gath, dy gi a dy dad-cu.'

'Ry'n nl'n cael amser da gyda'n gilydd,
yn adeiladu muriau atgofion pur gyda
brics ein perthynas.'

    'Mae'n laff, mae'n hwyl, wrth gwrs, ond
        'does dim eisiau'i sbwylio
    pam newid dim os yw'n dal i weithio?'

'Dwi'n dy garu di.'

    "   "

'Glywaist ti fi? Dwi'n dy garu di; yn hollol
yn angerddol.
Pob gronyn ohonaf yn caru pob gram
ohonot ti.'

    'Do, mi glywais i'r tro cynta', yn hollol
        glir fel sgrech.
    Dwi'n dy **hoffi** di, mwynhau bod gyda thi
        a dyna ni.'

'Wela' i.'

    'Dim byd personol, wir, jyst angen lle i
        anadlu, i wenu,
    i ymestyn, i ymlacio, i ddal i bing-
        pongio.'

'Wela' i.'

        'Ti'n deall, yndwyt?'

"   "

Rhywsut, mae'r bêl ping-pong yn sboncio
o'r bwrdd heb i neb sylwi,
mae'r gynulleidfa wedi hen golli diddordeb –
rhowlio dan gadair mae'n rhaid
cyn rhowlio eto
a glanio wrth goes bwrdd diarth i chwarae
gêm gyfarwydd.

Elinor Wyn Reynolds

GAIR AM AIR
anniddig - anfodlon
waldio - taro'n drwm

Troi yn ôl a cham ymlaen

1. Cyn i ddim byd ddigwydd yn y gêm, sut mae'r ddau chwaraewr yn llygadu ei gilydd?
2. Mae 'pob poc-poc-poc pêl yn dod ag ateb toc'. Tra mae'r rali yn parhau, mae'r gêm yn mynd yn ei blaen yn hwylus. Beth sy'n digwydd pan yw un o'r chwaraewyr yn methu ag ateb?
3. Mae mwy na phêl wedi ei cholli yn y diwedd. Disgrifiwch y ddrama yn eich geiriau eich hun.
4. Sut mae ffurf y gerdd yn debyg i gêm ping-pong?

Sgwrs gydag Elinor Wyn Reynolds

Mae llawer o gyfeiriadau at flodau yn eich cerddi – pa rai yw eich hoff flodau a lle y byddwch chi'n mynd i'w mwynhau?

Does dim yn well gen i na derbyn blodau fel anrheg, maen nhw mor hardd, ond wrth gwrs maen nhw'n marw mor gyflym. Dyna pam mae blodau'n ddelwedd mor effeithiol wrth geisio cyfleu pethau sy'n dirwyn i ben ac yn marw, fel perthynas, er enghraifft. Dydw i ddim yn meddwl 'mod i'n hoffi un blodyn yn fwy nag un arall, er 'mod i'n hoffi'r blodyn *gerbera* yn fawr iawn ar hyn o bryd, sy'n flodyn tebyg i lygad y dydd mawr ac yn dod mewn gwahanol liwiau llachar; mae'n flodyn dramatig yr olwg ac yn edrych fel petai un llygad mawr, llonydd yn eich gwylio. Rwy'n hoff iawn o flodau gwyllt ac yn mwynhau edrych ar flodau allan yn y caeau – clatsh y cŵn, garlleg gwyllt (mae'r arogl yn hudolus), clychau'r gog, llygad y dydd ac eirlysiau. Mae blodau gwyllt yn arwydd gweledol o'r gwahanol dymhorau ac yn dangos bod byd natur yn newid o hyd, ac amser i bopeth a phopeth yn ei le ac mae gwybod hynny yn fy mhlesio'n arw.

Pe baech chi'n mynd at ddynes dweud ffortiwn, beth fyddech chi am iddi ei ddweud wrthych?

Ma' pawb ishe bywyd didrafferth, mae'n siŵr, a dydw i ddim gwahanol i neb arall. Mi fyswn i'n nerfus iawn o fynd at fenyw dweud ffortiwn rhag ofn i mi glywed pethau gwael am fy mywyd i a'r dyfodol. Ond petawn i'n mynd, mi fyswn i am i fenyw dweud ffortiwn ddweud wrtha' i 'mod i am gael bywyd hapus a hir yn llawn cariad a chynhesrwydd. Mi fyswn i am iddi ddweud wrtha' i 'mod i am fod yn llwyddiannus ym mha beth bynnag y byddwn i'n dewis ei wneud a 'mod i'n cael fy adnabod fel rhywun caredig, hael a hwyl i fod yn ei chwmni. Mi fyswn i am iddi ddweud wrtha' i 'mod i'n rhywun arbennig ar y naw ac am gael effaith fawr ar bawb wy'n cwrdd â nhw a 'mod i am gael bywyd yn llawn anturiaethau difyr a gwneud i bobl chwerthin.

Oeddech chi'n dda wrth ymwneud â chwaraeon yn yr ysgol? Fyddwch chi'n dal i gadw'n heini?

Na, yn sicr, do'n i ddim yn dda mewn chwaraeon yn yr ysgol! Yn wir, mi o'n i'n casáu chwaraeon yn yr ysgol gyda chas perffaith! Ro'n i'n rhy araf a lletchwith i fod yn dda mewn tîm neu i fedru rhedeg yn gyflym. Yn wir, mi oedd criw bach ohonom ni yn arfer cuddio rhag yr athrawes ymarfer corff a sleifio i gaffi i gael te a bisgedi! (Peidiwch dweud wrth neb, da chi!) Ro'n i'n arfer meddwl mai dim ond pobl dwp oedd yn medru bod yn dda mewn chwaraeon am nad oedd yn rhaid defnyddio'r ymennydd! Erbyn hyn, rwy'n falch o ddweud 'mod i wedi newid fy meddwl yn gyfangwbl. Bellach, rwy'n mwynhau gwneud ymarfer corff ac yn teimlo bod gwneud sesiwn go dda o ymarfer yn helpu'r ymennydd i weithio'n well. Rwy'n dueddol o fynd i nofio, seiclo, cerdded cryn dipyn a defnyddio gym i fireinio'r cyhyrau ac rwy'n mwynhau gwneud hynny – rwy'n ymwybodol o'r ffaith 'mod i'n gwneud y cyfan yma ar fy mhen fy hun ac yn ymarfer wrth fy mhwysau fy hun, hynny yw, dwi dal ddim yn dda am gymryd rhan mewn gêmau tîm. Wrth gwrs, mae'n amrywio pa mor aml rwy'n medru cadw'n heini o ran amserlen, ond rwy'n edrych ymlaen bob tro at deimlo'r gwaed yn pwmpio'n gyflym drwy 'ngwythiennau, a chlywed fy nghalon yn curo. Mae'n gwneud i mi deimlo'n fyw!

Mae'n nhw'n dweud bod pob bardd yn cadw llyfr bach sgriblo gydag ef i daro rhai geiriau i lawr ynddo yn awr ac yn y man. Sut fath o bethau sydd yn eich llyfr bach chi? A gawn ni gip ar un dudalen?

Mae gen i sawl llyfr bach sgriblo a sawl llyfr mawr sgriblo am fy mod i'n dueddol o adael pethau mewn lleoedd gwahanol o hyd ac yn gorfod prynu llyfr newydd bob tro! Mae'r llyfr bach yn anhygoel o bwysig i fardd am fod beirdd yn dueddol o fod yn bobl anghofus ac yn cael eu syniadau gorau yng nghanol nos pan maen nhw rhwng cwsg ac effro. Cadwch lyfr bach wrth y gwely er mwyn dal y syniadau ganol nos. Mae wastad yn syniad da i gadw llyfr bach sgriblo wrth law achos mae'n hawdd anghofio pethau ac mae'n beth da i arfer gwneud nodyn o bethau anarferol neu ddoniol achos gall un syniad bach fod yn gychwyn ar gerdd wych. Mae'r syniadau sydd ar un dudalen yn fy llyfr nodiadau yn rhai amrywiol ar hyn o bryd, ond byddant yn datblygu'n gerddi da, gobeithio. Bydd un gerdd am sôn am geffylau'n defnyddio ffôn symudol ar garlam, un arall yn sôn am barlwr hufen iâ poblogaidd lle mae pobl yn dod i lyfu a sgwrsio, cerdd arall am ail fabi'r milflwydd newydd a cherdd am gŵn yn mynd â'u perchnogion am dro. Mae deunydd sawl cerdd yma gobeithio! Mae'n bosib y bydd un gerdd yn arwain at gerdd arall ond mae'r gyfrinach rhwng tudalennau'r llyfr bach sgriblo.

Pe baech chi'n arlunydd, llun o beth fyddech chi'n hoffi ei ddarlunio?
Pe bawn i'n arlunydd, mi fyswn i'n hoffi medru tynnu llun o rywun a fyddai'n dangos eu holl deimladau a'u meddyliau i'r dim drwy ddefnyddio crefft a thalent artist athrylithgar. Byswn i am ddangos holl obeithion ac ofnau'r sawl sydd yn y llun gydag un edrychiad. Mi hoffwn fedru cipio'r golau sy'n bodoli mewn llygaid a'i blannu ar ganfas i ddangos enaid yr unigolyn. Byddwn yn hapus iawn petawn i'n medru adlewyrchu gwir natur yr unigolyn, hynny yw creu rhywun go iawn, nid llun dau ddimensiwn yn unig. Mi fyswn i'n defnyddio brwsh mawr bras a lliwiau llachar i greu'r syniad o symudiad a dyfnder yn y llun ac yn rhoi petheuach a thrugareddau bywyd yr unigolyn o'i gwmpas er mwyn cyfleu pa fath o fywyd mae'n ei fyw.

Rydych chi'n gweithio mewn theatr ac mae deialog yn amlwg iawn yn eich cerddi. Beth yw apêl lle o'r fath ac apêl perfformiad byw i gynulleidfa?
Rwy'n mwynhau'r dramatig mewn bywyd. Rwyf hefyd yn mwynhau'r freuddwyd sy'n cael ei chreu ar lwyfan theatr bob tro; gall unrhyw beth ddigwydd mewn drama. Mae'r freuddwyd yn fyw mewn theatr. Mae'r disgwyliad sydd ymhlith cynulleidfa cyn drama yn drydanol, ac mae'r syniad o gael actorion ar lwyfan yn perfformio ar gyfer y bobl sy'n bresennol yn unig yn wych, yn gynhyrfus. Rwy'n hynod ffodus o fedru gweithio mewn theatr, felly. Am fy ngherddi, rwy'n hoffi rhoi geiriau yng ngheagau fy nghymeriadau; rwy'n hoffi esgus bod yn rhywun arall ac mae deialog a chreu cymeriadau yn gyfle i wneud hynny, hyd yn oed mewn cerddi.

* * *

Mae bywyd yn gylch – daw pob tymor, pob teimlad yn ei dro. Mae cyfnod syrthio mewn cariad yn llawn ansicrwydd a byddwn yn ceisio cysur yn y pethau tragwyddol er mwyn codi'n calonnau a chynnal ein gobaith.

Triongl tragwyddol
Parodd ein cyfarfyddiad cynta'
fi i ganu yn y glaw,
ond,
gadawodd dy eiriau ola' di
fi'n fud a dwys
yn yr heulwen.

Cyn bo hir,
fe af yn ôl i'r man o'r lle dois i.
Cyn bo hir,
fe ddaw'r gaeaf,
ond 'wnaf i fyth anghofio'r lle hwn,
na thithau,
na dyddiau'r haf.

Dim ond gwên ac osgo pen,
a'r ffordd y gelli di 'nheimlo i'n
edrych arnat ti;
rydw i'n dal i anghofio
nad ŷm yn gariadon
eto.

GAIR AM AIR
osgo - ystum, ffordd o ddal

Craffu a gweld
1. Pan oedd cariad yn gryf, beth oedd y teimlad, beth oedd y tywydd?
2. Pan oedd cariad yn cilio, beth oedd y teimlad, beth oedd y tywydd?
3. Ar ôl yr haf, daw gaeaf – ond beth yw'r awgrym yn nheitl y gerdd?
4. Roedden nhw'n gariadon ddoe; dydyn nhw ddim yn gariadon yn awr – ond sut mae'r bardd yn cwblhau'r triongl?

Triongl gwahanol sydd yn y gerdd nesaf – mam, tad a babi.

Magu'r babi

Fi'n sori,
o'n i ddim wedi golygu
gweud y pethe wedes i –
onest.

Do'n i ddim yn meddwl gweud
dy fod ti wedi gadel dy hunan
i fynd
wedi ca'l y babi.
'Wy'n dal i dy garu di
er gwitha'r *stretch marks a'r blues*.

Ond,
rhaid i fi gyfadde
'mod i wedi'n siomi
o orffod rhoi 'mwyd
y'n hunan
yn y microdon.
A dyw nodyn piwis fel
'Ma'th fwyd yn y gath,'
yn ddim help i neb.

Sut wyt ti'n gwitho'r
peiriant golchi?
A beth yw'r gwanieth
rhwng hwnnw
a'r ffwrn?
O's ots bod y napis yn
Whiter shade of spaghetti bolognaise?

Os wyt ti
byth
yn penderfynu, eto
mynd at dy fam,
er mwyn dyn,
cer â'r babi
gyda thi.
Ma' fe'n drewi o'r ddou ben.
A wir – ma'r stwff rhyfedda'n
ca'l 'i gynhyrchu ganddo fe,
ac ma'r sŵn yn ddychrynllyd.

Fflyfficins,
ti'n gw'bod 'mod i'n
dy garu di,
yn fwy na dim –
ond cymer drugaredd ar druan
a phaid â 'ngadel i'n
magu'r babi . . .
Plîs?

Chwilota a chael

1. Pwy sy'n siarad yn y gerdd?
2. Pam mae'r partner arall wedi 'mynd at ei mam'?
3. Sut un yw'r tad o gwmpas y tŷ – mewn un gair? Gwnewch restr o'r pethau yn y gerdd sy'n dangos ei gyflwr.
4. Sut fath o air yw 'Fflyfficins'? Soniwch am fwy na'i ystyr. Beth mae'n ei ddweud am agwedd y gŵr at y wraig? Beth mae'r bardd yn ceisio ei gyflawni drwy ei ddefnyddio?
5. 'Paid â 'ngadael i'n magu'r babi . . .' yw'r apêl daer ar ddiwedd y gerdd. A yw hynny'n swnio fel ymgais llawn o gariad i ddenu ei wraig yn ôl neu fel cwyn hunanol? Sut y byddai'r gŵr wedi medru gwneud apêl well wrth grefu ar ei wraig?

'Deg oed ar ddeg ceiniog y dydd'

Cerddi ar y thema: 'Tyfu'

Mae popeth yn bosibl i blentyn bach. Mae ei ddychymyg mor fyw ac mor effro nes ei bod hi'n anodd iddo wahaniaethu rhwng profiad go iawn a ffrwyth y dychymyg. I raddau, mae tyfu yn golygu derbyn y profiadau go iawn a dod i adnabod ein hunain fel ag yr ydym, yn hytrach na byw yn ôl ein ffansi. Mae pob plentyn, rhyw dro, wedi breuddwydio am fod yn seren ffilm, yn fôr-leidr, yn chwaraewr rhyngwladol, yn Indiad Coch …

Ga' i fod yn Indian, Mam?

Ga' i fod yn Indian, Mam?
gofynnodd y bachgen bach penfelyn
ar ymyl cylch cyfrin y ddawns:

Ga' i fod yn Indian, Mam?
ga' i wisgo'r plu amryliw
a dawnsio'n wirion i guriadau'r drwm?

Ga' i fod yn Indian, Mam?
ga' i rwygo'r nos â sgrechiadau'r coyote
a hofran fel eryr uwch fflamau'r tân?

Ga' i fod yn Indian, Mam?
ga' i olrhain llwybrau'r hen bobol
a chroesi'r anialwch ar feirch fy nychymyg?

Ga' i fod yn Indian, Mam?
Ga' i rannu gwres eu gwersyll
a charu'r merched dan y cytser maith?

Ga' i fod yn Indian, Mam?
   Bydd dawel a phaid â'th ddwli,
   a'th ben melyn fel Las Vegas yn deffro'r paith,

ymwelydd yr ymylon wyt ti,
yn gwylio ar gyrion y cylch cyfrin:
wyddost ti ddim am ganrifoedd eu
                    doethineb
na dyfnderoedd eu galar.

Ga' i fod yn Indian, Mam?
ga' i, ga' i,
ga' i chwarae wrth draed y gwragedd
sy'n plethu eu breuddwydion pwyllog,
ga' i redeg ras â 'nghysgod?

Ga' i fod yn Indian, Mam?
pam na cha' i? pam?

Iwan Llwyd

GAIR AM AIR
cyfrin - criw dethol
meirch - ceffylau
cytser - casgliad o sêr
pwyllog - hamddenol, gofalus

Edrych yn fanylach

1. Pam mae'r bardd yn tynnu ein sylw – ddwywaith – at liw gwallt y bachgen sydd am fod yn Indian?
2. Esboniwch yn eich geiriau eich hunain beth ym mywyd yr Indian sy'n apelio at y bachgen. Dewiswch yr un llinell am fywyd Indian sy'n apelio fwyaf atoch chi yn y gerdd.
3. Pwy sy'n llefaru'r geiriau sydd wedi'u gosod ychydig i'r dde?
4. Pam na chaiff y bachgen byth wireddu ei freuddwyd?

Ymestyn
Wrth dyfu, down i sylweddoli i bwy ac i beth rydym ni'n perthyn ac na fedrwn ni byth fod yn neb arall ond ni'n hunain. Beth hoffech chi fod tybed? A fyddech yn dewis bod yn seren ffilm, yn ganwr pop, yn chwaraewr rygbi, yn Indiad Coch? Ystyriwch eich breuddwydion eich hunain a cheisiwch lunio rhai llinellau gan ddechrau gyda 'Ga' i fod yn ......, Mam?'

Dilyn y bêl
(sylwebaeth ar Gwpan Rygbi'r Byd)

'Mae'r cefnwr yn gosod y bêl, anelu at y pyst ...'
Does yr un o blant y Punjab yno'n llygad-dyst.

'... yr ail-reng sy'n ei dal hi; mae'n Herciwles o ddyn ...'
Mae'r hogiau pwytho peli yn fain a di-lun.

'... pob calon yn curo ynghynt, y dorf ar ei thraed ...'
Mae'r nodwyddau budron yn llawn o glefydau'r gwaed.

'... mor ddawnus y dwylo, mae'r pasio, derbyn mor chwim ...'
Aeth blaenau bodiau i'r bun dan y gyllell drim.

'... mae'r amddiffyn yn hollol gadarn, y taclo'n driw ...'
Dillad o gotwm tenau mewn asid a gliw.

'... gwib yr asgellwr, fflach yr haul ar ei grys ...'
Tywyll a drewllyd ydi'r cytiau chwys.

'... a'r canolwr caled fel tarw dur ar ei daith ...'
Plant yn grydcymalog dan bwysau gwaith.

'... mae'r gêm yn awr yn broffesiynol ... mae'r chwarae'n rhydd ...'
Mae'r hogiau deg oed ar ddeg ceiniog y dydd.

Myrddin ap Dafydd

Cerdd am blant bychain o'r India yn Asia yw'r nesaf. Plant tlawd y trydydd byd yw'r rhain a does dim byd yn rhamantus ynglŷn â'u bywydau hwy. Maent yn rhan o'r llu o blant sy'n gweithio oriau hirion i gwmnïau mawrion mewn cytiau gwael am chydig geiniogau'r dydd. Nid ydynt yn cael eu hamddiffyn yn briodol rhag peryglon y peiriannau a'r defnyddiau gwenwynig maent yn eu trin ac maent yn difetha eu cyrff am eu bod yn gweithio mor galed, cyn i'w hesgyrn galedu yn iawn. Daeth peth o'r hanes i'r amlwg adeg Cwpan Rygbi'r Byd yng Nghymru yn 1999. Roedd cwmni peli swyddogol yr achlysur yn gwerthu peli am grocbris ond yn talu deg ceiniog y dydd i hogiau deg oed yn India am eu cynhyrchu.

GAIR AM AIR
cyllell drim - cyllell dorri/trimio
crydcymalog - yn dioddef o'r gwynegon; stiff

Cloddio'n ddyfnach
1. Disgrifiad o bwy a geir yn y print italig?
2. Pwy sy'n cael eu disgrifio yn ail linell pob cwpled?
3. Mae'r ail linell yn *gwrthgyferbynnu* â'r llinell gyntaf, yn pwysleisio'r gwahaniaeth rhwng y rhai sy'n perfformio ar y maes chwarae a'r bechgyn sy'n slafio i gynhyrchu'r peli. Ewch drwy'r cwpledi a rhestrwch y syniadau sy'n gwrthgyferbynnu gyda'r canlynol:

Herciwles o ddyn
fflach yr haul
tarw dur
proffesiynol

Tad sy'n siarad â'i fab yn y gerdd nesaf. Mae'r mab yn ddeng mis oed ar y pryd ac mae'r tad yn ymwybodol bod bwlch mawr (gagendor) rhwng y babi ac ef ei hun. Ond mae'n gobeithio y bydd y ddau ohonynt – 'rhyw ddydd' – yn medru pontio'r bwlch hwnnw a bod yn ddau fêt. Y diwrnod hwnnw, byddant yn gwneud llawer o bethau gwirion a gwallgof am eu bod yn mwynhau cwmni ei gilydd.

I Gruffudd
(yn 10 mis oed)

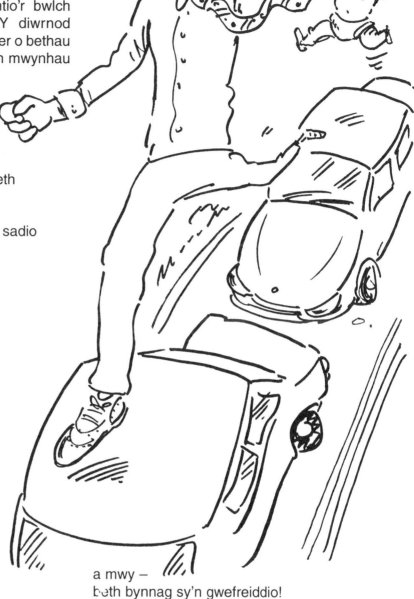

Rhyw ddydd,
pan fyddi'n gwybod y gwahaniaeth
rhwng bwyta cinio
a'i wisgo,
pan na fydd angen fy nwylo i dy sadio
fe wnawn ni syrffio
ar ben byrdda Burger King
ym Moscow!

Rhyw ddydd,
fe wnawn ni groesi'r afon draffig
sydd yng Ngh'narfon ganol ha'
drwy lamu
o do car i do car,
gan osgoi, wrth gwrs,
y *soft tops*
a'r faniau hufen iâ!

Rhyw ddydd,
fe wnawn ni ganu deuawda
i lenwi het ar bafin
yn Lios Dúin Bhearna!

Rhyw ddydd,
pan fydd arnon ni angen
amgenach nod,
fe gerddwn wysg ein cefna
bob cam, i ben yr Wyddfa,
er mwyn i ni gael gweld
o ble 'dan ni 'di dod!

Rhyw ddydd,
fe wnawn ni siarad
hefo genod del mewn pybs,
a dweud bod ni'n hyfforddi morloi,
neu'n gwneud *tutus* i'r Bolshoi,
neu'n cynllunio'r cyrtens newydd
i garchar Wormwood Scrubs!

Rhyw ddydd ...
Ie.
Pan fyddi'n hŷn,
a minnau heb heneiddio,
fe wnawn y petha hyn
a mwy –
beth bynnag sy'n gwefreiddio!

Rhyw ddydd,
a ninna'n dal i geisio pontio
gagendor cenhedlaeth gron,
tybed a ddeui di ataf a gofyn
yn syn
'Hei, Dad ... ai *chi* sgwennodd hon ...'

Ifor ap Glyn

GAIR AM AIR
sadio - cynnal; sefyll yn gadarn
Lios Dúin Bhearna - enw Gwyddeleg ar dref yng Ngorllewin Iwerddon sy'n enwog am ei gwyliau canu gwerin (ynganer: lis-dwn-farny)
amgenach nod - targed uwch; uchelgais well
tutus - sgertiau dawnswyr bale
Bolshoi - cwmni bale o Rwsia
Wormwood Scrubs - carchar yn Llundain
gagendor - bwlch mawr

Yn dilyn y darllen

1. Beth yw'r pethau ar ddechrau'r gerdd sy'n dangos y bwlch rhwng y ddwy genhedlaeth?
2. Pa un o'r breuddwydion gwyllt am brofiadau'r ddau efo'i gilydd sy'n apelio atoch fwyaf?
3. 'Pan fyddi'n hŷn, a minnau heb heneiddio.' Esboniwch y llinellau hyn yn eich geiriau eich hunain.
4. 'Ceisio pontio gagendor cenhedlaeth' y mae'r bardd yn ôl ei eiriau ei hun. Disgrifiwch un sefyllfa sy'n dangos bwlch rhwng dwy genhedlaeth ac un sefyllfa lle mae dwy genhedlaeth yn llwyddo i bontio'r bwlch. Gall 'dwy genhedlaeth' olygu unrhyw bâr o'r rhain:

    nain (mam-gu)/tad/mam/taid (tad-cu)/ewythr/modryb

    ŵyr/wyres/merch/mab/nai/nith

Ymestyn
Mae ailadrodd rhai geiriau yn rhan amlwg o ffurfiau'r ddwy gerdd ddiwethaf. Lluniwch chwithau gerdd gan ddefnyddio 'Ga' i' ar ddechrau'r gerdd a 'Rhyw ddydd' yn hanner olaf y gerdd.

* * *

Mae'r ffôn yn medru bod yn gyswllt da rhwng unigolion – ond gall fod yn destun ffrae hefyd mewn tŷ. Gall fod yn destun ffrae mewn ysgol hefyd pan fydd disgyblion yn ffônio ei gilydd yn ystod gwersi! Ffrae ynglŷn â ffôn yn y cartref yw testun y gerdd nesaf.

Sgwrs ffôn

Tyd yma, Lowri,
Rho'r ffôn 'na i lawr,
Ti 'n siarad arno ers tri chwarter awr.

    Dim ond Llinos sy' 'na,
    Isio trafod gwaith,
    Nawn ni ddim siarad am amser maith.

Lowri, tyd yma,
Rho'r ffôn 'na i lawr,
Ti 'di siarad rŵan am bron i awr.

    Mae'n hollol hanfodol
    Ein bod ni'n cael sgwrs,
    Dani isio trafod manylion y cwrs …

Be? Ni'n trafod dillad,
Eu hyd nhw a'u lliw?!
A dawnsio a miwsig a hogia a rhyw?!

    Mae'n well imi fynd
    Ne ga'i gythral o geg,
    Ffonia'i di'n munud – tua chwarter i ddeg.

Lis Jones

GAIR AM AIR
gythral o geg - coblyn o ffrae; stŵr

Dal i siarad am y geiriau

1. Pwy sy'n siarad ym mhennill 1 a 3?
2. Beth yw'r broblem o safbwynt y person hwnnw?
3. Beth yw esgus Lowri dros fod cyhyd ar y ffôn?
4. Beth gawn ni ym mhennill 5?
5. Mae Lowri yn ufuddhau ac yn rhoi'r ffôn i lawr yn y pennill olaf – ond beth yw'r ergyd yn y llinell olaf?
6. Pwy sydd wedi ennill y ffrae hon?

Cân gan Steve Eaves yw'r olaf yn yr adran hon. Cân am ansicrwydd ac am fod yn deimladwy ydi hi. 'Croendenau' yw'r gair sy'n cael ei ailadrodd i ddisgrifio rhywun sy'n sensitif a nerfus. Mae'r gerdd yn dangos pobl groendenau fel rhai sydd ar ymylon bywyd, ar y dechrau - fel rhai nad ydynt yn mwynhau bywyd yn llawn fel pobl hyderus. Ond erbyn diwedd y gân, gwelwn fod y bardd yn dweud ei bod hi'n bwysig eu bod nhw'n 'falch bod nhw'n dal i deimlo'. Mae nerth mewn bod yn sensitif hefyd yw'r neges:

rhai pobl

rhai pobl – maen nhw mor groendenau
maen nhw'n teimlo planedau'n troi;
maen nhw'n byw ar y ffin annelwig
rhwng rhoi a pheidio â rhoi
   – hyd braich oddi wrth y byd
     a'r twrw mawr
     yn gwylio bywyd yn mynd yn ei flaen
     ar y llwyfan mawr
tra bod yr haul yn mynd lawr.

rhai genod – maen nhw mor ansicr
maen nhw'n methu teimlo'n rhydd
o'r cant a mil o fân amheuon
sy'n dwyn eu hyder a'u ffydd:
   '– tybed ydw i'n ddigon del?
     ydw i'n ddigon da?
     wneith pawb chwerthin am fy mhen i
     os tria' i wneud hynna?
dw i'n sicr o fethu pob dim ...'

rhai pobl – maen nhw'n teimlo gormod
toes gynnon nhw ddim cragen ar ôl,
ond maen nhw'n falch bod nhw'n dal i deimlo
ac yn gwrthod codi wal ...
   – braidd yn swil, braidd yn ofnus
    weithiau
    fel ti a finnau,
    ond mae gynnon nhw ffydd naïf
    yn y grymoedd sydd
gan bobl groendenau fel ti.

> **GAIR AM AIR**
> *annelwig* - anodd ei ddiffinio/ei weld
> *naïf* - gorsyml

Sylwi a thrafod

1. Mae bod yn groendenau yn medru peri ein bod 'hyd braich oddi wrth y byd' yn ôl y pennill cyntaf. Mae'r amheuon ar ddiwedd yr ail bennill yn enghreifftiau o'r meddyliau nerfus sydd gan rhywun nad yw'n or-hyderus. Pa fath o bethau ydych chi/mae pobl ifanc eraill yn poeni amdanyn nhw? Ceisiwch feddwl am ragor o enghreifftiau fel hyn.

2. Croendenau 'fel ti a fi', medd y pennill olaf. I raddau, rydym i gyd yn deimladwy. Ond nid yw hynny'n golled i gyd chwaith, medd y gân. Mae bod yn sensitif yn bwysig. Beth, yn eich barn chi, yw'r 'grymoedd' sydd gan bobl groendenau?

'Dyw e ddim yn rhy bert nac yn rhy hardd'

Cerddi ar y thema: 'Gwlad a thref'

Mae hi'n frwydr barhaus rhwng gwlad a thref. Mae'r dref angen mwy o dir; bydd yn bwyta rhagor o gaeau gleision. Mae'r dref angen bwyd, coed, olew, trydan – a chefn gwlad sy'n gorfod talu'r pris fel rheol. Ar ben hynny, bydd pobl y trefi angen gwyliau ymhell o gyrraedd y strydoedd a'u stŵr – ac i gefn gwlad y ân' nhw yn aml i chwilio am y gwyliau hwnnw.

Un o broblemau mawr ein bywyd ni heddiw yw llygredd. Mae'r ddaear i gyd, nid dim ond y wlad a'r dref yn dioddef gan hwnnw. Dyna destun y gerdd gyntaf yn yr adran hon:

Llygredd

Does neb wedi'i weld
Na chlywed ei gri,
Rhith yw'r anghenfil
Sy'n ein bygwth ni.

Mae'n chwydu ei fwg,
Rhoi asid i'r glaw,
Mae'n gadael ei ôl,
Mae'n gadael ei faw.

Drwy'r cymoedd y daw,
Hyd cefnforoedd mawr,
Does dim i'w rwystro
Rhag gadael ei sawr.

Mae'r caeau yn llwch
Y moroedd yn ddu,
A'r ffynnon yn sych:
Mae'i sangiad mor gry'.

Mae'n llowcio ein coed,
Mae'r blodau yn prinhau
A'r llinyn byw
Sy'n torri'n ddau.

Weithiau fe'i gwelwch,
Yr anifail bras,
Yn oedi'n y drych:
Y creadur cas.

Gwyn Morgan

GAIR AM AIR
rhith - dychymyg; ysbryd anweledig
sawr - arogl, oglau
sangiad - cerddediad, ôl ei droed

Codi ambell gwestiwn

1. Mae llygredd yn cael ei gyflwyno yng nghymeriad rhywbeth byw yn y gerdd hon. Fel beth, yn ôl y pennill cyntaf?
2. Chwiliwch drwy benillion 2, 3, 4, 5 am linellau sy'n disgrifio ôl y bwystfil hwn.
3. Ar ôl dweud ar y dechrau nad oes neb wedi gweld y bwystfil, mae'r gerdd yn diweddu drwy ddweud bod modd ei weld weithiau. Mewn beth y gwelwn ef? Pwy yw'r 'creadur cas' felly?

* * *

Weithiau, bydd byd natur yn rheoli'r dref. Bydd prysurdeb y strydoedd yn cael ei arafu gan effaith stormydd, toriad trydan ac yn y blaen. Effaith eira trwm ar dref yw testun y gerdd nesaf:

Pentref Eira

Dim MacaRun heddiw
gan hap-yrwyr croch y corneli,
Wrecsam yn bentref eira.

Ceir yn parcio ynghanol y stryt,
nadredd o lwybrau annwyl
yn bafin hallt, amrwd.

Allt y Dref
mor gul
â'r gorffennol heddiw,
a chydio dwylo wna rhai
yno,
Fe'u gwelais â'm llygaid fy hun.

Llwybrau annwyl y pentre eira
cyn eu meddalu
yn ddifaterwch tref yn ôl.

Aled Lewis Evans

GAIR AM AIR
MacaRun - yr enw ar lafar yn Wrecsam am hap-yrru heibio i MacDonalds
amrwd - ryff, anorffenedig
difaterwch - bod yn ddihidio/dim ots

Gwahanol haenau

1. Pam nad yw'r gyrwyr yn cornelu'n wyllt yn Wrecsam y diwrnod hwnnw?
2. Mae tomenni o eira yn culhau'r stryd nes bod ceir yn parcio yn ei chanol yn hytrach nag wrth y gwter. Pam mae'r pafin yn 'nadredd o lwybrau annwyl'?
3. Beth mae 'mor gul â'r gorffennol' yn ei awgrymu?
4. Pam mae cerddwyr yn cydio dwylo?
5. Beth sy'n digwydd wrth i'r eira 'feddalu'? Esboniwch pam mae'r gair hwnnw'n ddewis da i gloi'r gerdd.

O fewn trefi, fodd bynnag, mae ardaloedd cynnes a chymdeithasol – fel pentrefi bychain o bobl yn byw yn glòs drwy'i gilydd. Mae pobl – dim ots ble maen nhw'n byw – yn medru tyfu i fod yn drech na'r byd sydd o'u cwmpas. Dyna sy'n arbennig am 'Ochr Treforys o'r Dre' a dyma'r gân sy'n sôn gyda balchder am y lle hwnnw:

Ochr Treforys o'r Dre

Dyw e ddim yn rhy bert nac yn rhy hardd
Mae 'di bod yn ysbrydoliaeth i ambell fardd
I Gwenallt a fi ma fe'n fwy na lle
Ochr Treforys o'r dre.
Gweddillion ffwrneisi, tai teras mewn rhesi
Adeiladau'n pwdru a'r Tawe yn drewi
Ond 'dyw hwn ddim yn dwll mae'n fwy na lle
Ochr Treforys o'r dre.

Caled yw hanes y fro
Tlodi yn byw mewn sawl co'
Caled o'dd bywyd y fro
Hiwmor mor ddu â glo.

Tair milltir crwn ar waelod y cwm
Ceir yn dod o bobman a'r aer yn llawn plwm
Sgidie llwm ac acenion trwm
Ochr Treforys o'r dre.
Clydach a Glais, Birchgrove, Bonymaen
Plant yn whare yn yr hewl
Pob man ar bigau'r drain
Cwestiwne digon ewn ac atebion ddigon plaen
Ochr Treforys o'r dre.

Shimpil yw y sipsiwn sy'n byw 'ma yn y llacs
Golwg gwyllt Gwyddelig, ymladd gyda'r Jacs
Y ceir sydd yn foethus ond y dillad sydd yn rhacs
Tincers Treforys a'r dre.
Rownd fan hyn ma' nhw'n siarad De
Pice mân, bara lawr, disgled o de.
I'r rhai sydd wedi gadael ma fe'n seithfed ne'
Ochr Treforys o'r dre.

Neil Rosser

Beth yw eich barn?

1. Er nad yw'r rhan hon o'r dre 'ddim yn rhy bert nac yn rhy hardd', mae'r canwr yn dweud ei bod wedi bod yn ysbrydoliaeth i fardd fel Gwenallt. Mae'n bosib sgwennu am bethau nad ydyn nhw'n 'rhy bert nac yn rhy hardd' – chwiliwch am bethau o'r fath yn y gân.
2. Pam oedd bywyd y fro yn galed yn eich barn chi?
3. Trigolion pa ddinas yng Nghymru sy'n cael eu hadnabod fel y 'Jacs'? Wyddoch chi am enwau fel hyn ar bobl trefi neu ardaloedd eraill o Gymru?
4. Mae rhai yn meddwl y byd o'r lle. 'Dyw hwn ddim yn dwll' meddai'r gân. Beth, yn eich barn chi, sy'n ei wneud yn lle arbennig iawn?

Bydd pobl y dref yn wawdlyd o bobl y wlad weithiau. Mae llawer o enwau sy'n difrïo gwladwyr, gan awgrymu nad ydynt mor gyfoes, mor ffasiynol ac mor ddeallus â phobl y dref. Dyma ichi rai enwau – josgins, hambons, hics, llo. Fedrwch chi ychwanegu at y rhestr?

Mae'r gerdd nesaf yn dechrau yn rhagfarnllyd iawn yn erbyn ffermwyr. Mae'n awgrymu bod ffermwyr eisiau mwy o bopeth o hyd ac nad ydynt bob amser yn parchu'r hyn sydd ganddynt eisoes:

Ga' i ffarm?

Ga' i ffarm ym Metws Garmon
neu un fawr, fawr yn Sir Fôn,
a baw a mwd ymhob man,
teirw, a lot o arian
a thractor wedi torri
yn y cae? Ga' i bymtheg ci?
Ga' i giât sydd wastad ar gau?
Ga' i lanast at bengliniau?

Ga' i nerth i gwyno o hyd,
am fuarth ac am fywyd
nad yw'n dda, ga' i fod yn ddyn
selog ar Stondin Sulwyn,
i hefru bod hi'n hyfryd
ar bawb ond ffermwyr y byd?
Ga' i achwyn lot am gwotas
a dweud cyn lleied yw'r das?

Ga' i stecan gyda 'mhanad?
Ga' i 'fyw'n glòs wrth gefen gwlad'?
Ga' i gig Prydeinig i de?
Rhyw asen o gig Rosé?
Ga' i ham o fy ngwlad fach gu
fy hunan – ond ga' i fynnu
Toyota i gario'r tatws
a Mŷrc i gario'r mw-mŵs?

Ga' i wynab coch? Ga' i fochyn?
Ga' i ddwy law fel rhaw yr un?
Ga' i grys sgwârs a seidars hyll?
Ga' i fol tew? Ga' i flew tywyll
ar fy ngên? Ga' i grafu 'nghwd
a rhegi a chreu ffrwgwd
haf a hydref? Ga' i hefyd
gôt werdd ddu sy'n gachu i gyd?

Ga'i wraig all wneud cacan gri
a jam, gwraig fel mam imi,
i smwddio fy nghap capel,
a'm siwt pan a' i am y sêl?
Ga' i ieir sy'n dysgu gyrru
mewn fan tu allan i'r tŷ,

ci gwallgof heb ei ddofi,
a mab gwirionach na mi?

Y ffarm ym Metws Garmon
a'r un fawr fawr yn Sir Fôn,
eu dyheu mewn breuddwyd wyf,
rhyw adyn o'r dre ydwyf,
un rhy hoff o'i win a'i wres
y dyn â dwylo dynes,
hanner dyn, dyn hanner dall
na ŵyr yr ochor arall.

Meirion MacIntyre Huws

GAIR AM AIR
selog - ffyddlon
hefru - cwyno; bytheirio
asen - asgwrn yn y frest
ffrwgwd - ffrae; cynnen

Cloddio at y gwreiddiau

1. Pam mae'r bardd yn dechrau llawer o'i linellau gyda'r geiriau 'ga' i'?
2. Yn ôl y bardd, beth yw rhai o'r pethau y mae'r ffermwr yn dyheu amdanynt?
3. Ym mhennill 4 a phennill 5, mae'r bardd yn gwneud hwyl am ben y ffermwr drwy roi geiriau yn ei geg. Drwy'r hyn mae'r ffermwr yn ei ofyn, mae'n tynnu llun cartwn ohono. Disgrifiwch, yn eich geiriau eich hun, sut lun mae'n ei dynnu o'r gŵr gwledig a'i fferm.
4. Mae dau ddisgrifiad o ddwylo yn y gerdd, a'r ddau'n gwrthgyferbynnu ei gilydd. Beth ydynt?
5. Mae newid agwedd yn y pennill olaf. Mae'r bardd yn cydnabod nad yw ei farn yn hollol deg. Sut mae'n disgrifio ei hun? Pam mae'n galw'i hun yn 'ddyn hanner dall'?

Ymestyn

Mae sŵn arbennig i'r llinellau hyn – mae patrwm cymhleth i'r cyflythrennu a'r odlau. Sylwch fod rhai odlau o fewn llinellau, nid yn unig ar ddiwedd pob pâr o linellau. Mae trawiad neu glec eglur iawn i ambell linell. Chwiliwch am un llinell amlwg ei sain sydd wedi gwneud argraff arbennig arnoch.

* * *

Mae popeth yn gyfleus y dyddiau hyn. Dim ond naid i mewn i'r car a pharcio mewn lle hwylus, nôl troli a cherdded i mewn i siop fawr. Yno, cawn bopeth bron sydd ei angen arnom heb orfod gwneud dim mwy nag ymestyn at y silffoedd. Mae'n hawdd anghofio'r ymdrech a'r problemau sy'n wynebu'r rhai sy'n cynhyrchu'r nwyddau, a dyna sydd y tu ôl i'r gerdd nesaf.

Wyau

Hogyn o'r Barri ydi Harri
ac mae o'n prynu ei wyau yn y Cash an' Carri.
Mae o'n ennill ei gyflog
yn ddigon serchog
wrth ddanfon papura
o ddrws i ddrws bob ben bora.

Hogyn o'r Llan ydi Dan
ac mae ganddo gwt ieir yn y berllan.
Mae'n codi bob bora ar doriad gwawr
i agor y drws i'r ieir a'r ceiliog mawr
ac mae'n gofalu taflu digon o haidd a bara
o'u blaena. Chân nhw ddim byd ond y gora.

A phob gyda'r nos, 'rôl iddyn nhw glwydo,
mae'n gofalu cau'r drws rhag yr hen gadno.
Dyna ydi'r drefn.
Dyna ydi'r ddeddf.
Mae'n adnabod byd natur.
Mae'n gwybod am reddf.

'Ond dydi llwynogod ddim yn lladd ieir na
                cheiliogod!'
meddai Harri o'r Barri wrth drafod dofednod.
Ond be ŵyr o am na chadno na cheiliog
na iâr na chyw? Ma'i fywyd o yn llawn hwylustod.
'Mond cerdded i'r archfarchnad agosa
a chydio mewn bocs a'i lond o wya.

Roedd Dan yn falch o'i ieir oedd yn ddwsin,
a bu'n ennill gwobra hefo'r wya'n y primin.
Ond un gyda'r nos aeth i'w wely yn gynnar,
anghofiodd gau'r drws ac ni chlywodd y clochdar;
a thrannoeth roedd plu a chyrff ar y llawr
a'u gwaed wedi'i sugno yn y lladdfa fawr.

'Na, na, cael bai ar gam mae llwynogod,'
                meddai Harri.
Ond digon hawdd iddo FO ddweud;
mae o'n cael ei wyau yn y Cash an' Carri!

Margiad Roberts

GAIR AM AIR
dofednod - da pluog, ieir ac ati
primin - sioe amaethyddol

Dan y plisgyn

1. Beth yw dyletswyddau Dan, yr hogyn o'r Llan, tuag at y dofednod – sef yr ieir a'r ceiliogod – mewn diwrnod cyfan?
2. Sonnir am 'natur' y cadno yn y gerdd. Pa dair elfen o'r 'natur' hon y cyfeirir atynt yn y trydydd pennill?
3. Pam, yn eich geiriau eich hun, nad yw Harri o'r Barri yn credu fod llwynogod yn broblem i gynhyrchwr wyau fel Dan o'r Llan?

Ymestyn

Fedrwch chi feddwl am gynnyrch arall yr ydym yn ei ddefnyddio heb ystyried y problemau sydd wrth ei gynhyrchu. Nid oes rhaid iddo fod yn fwyd. Ystyriwch mor rhwydd yw i ni gael gafael ar y nwydd ac mor anodd yw hi ar y cynhyrchwr. Sgwennwch ddarn byr gan ddefnyddio'r gerdd hon fel patrwm.

'Amser i dewi ac amser i siarad'

Y Wers Rydd

Mae rhai cerddi, fel y gwyddoch, yn cadw at ffurfiau arbennig fel limrig a soned. Mae nifer bendant o linellau, patrwm sillafau ac odlau yn creu *mesur* arbennig. Mae rhai mesurau barddonol ag iddynt fframwaith glir a phendant. Fe berthyn rhai i un iaith yn unig – mae gennym ni fesurau sy'n perthyn yn benodol i'r Gymraeg. A glywsoch chi am y triban, yr englyn a'r cywydd? Dyna rai o fesurau traddodiadol y Gymraeg.

Ond mae un mesur sy'n perthyn i bob iaith a hwnnw yw'r *vers libre* (a rhoi iddo ei enw rhyngwladol), neu'r wers rydd yn y Gymraeg. Wrth astudio'r cerddi ar y mesur hwn, gwelwn nad oes patrwm pendant i hyd llinellau, i'r odlau na'r nifer o linellau sydd mewn pennill. Eto, mae rhythm pendant i'r mesur, dim ond bod rhyddid i amrywio'r rhythm o linell i linell.

* * *

Mae rhannau o'r Beibl yn farddonol iawn a gallwn werthfawrogi hyn yn aml wrth glywed darlleniad ohono. Rydym yn adnabod rhai rhannau o'r Beibl fel 'caneuon' ac ymysg y rheiny y mae'r *salmau*, sef caneuon mawl. Yn Llyfr y Pregethwr, pennod 3, down ar draws y geiriau hyn. Darn o farddoniaeth sy'n aros yn hir yn y cof yw hwn hefyd:

Tymor i bob peth
Y mae tymor i bob peth, ac amser i bob gorchwyl dan y nef:
amser i eni, ac amser i farw,
amser i blannu, ac amser i ddiwreiddio'r hyn a blannwyd;
amser i ladd, ac amser i iacháu,
amser i dynnu i lawr, ac amser i adeiladu;
amser i wylo, ac amser i chwerthin,
amser i alaru, ac amser i ddawnsio;
amser i daflu cerrig, ac amser i'w casglu,
amser i gofleidio, ac amser i ymatal;
amser i geisio, ac amser i golli,
amser i gadw, ac amser i daflu ymaith;
amser i rwygo, ac amser i drwsio,
amser i dewi, ac amser i siarad;
amser i garu, ac amser i gasáu,
amser i ryfel, ac amser i heddwch.

Geiriau'n cyferbynnu sydd yn cael eu gosod ochr yn ochr â'i gilydd. Beth yw bwriad yr holl ailadrodd yn y llinellau?

Mae gan bob crefydd, pob diwylliant eu cerddi sy'n ymwneud â'u' teimladau dyfnaf. Llwyth o Indiaid Cochion o Ogledd America yw'r Pueblos. Iaith lafar yn unig oedd eu hiaith hwy tan yn ddiweddar iawn – nid oedd gair o'r iaith yn cael ei ysgrifennu. Eto, mae ganddynt gerddi llafar sydd wedi bod yn rhan o gof y llwyth ers cenedlaethau maith. Erbyn hyn, mae rhai o'r cerddi wedi eu rhoi ar bapur ac wedi'u cyfieithu. Dyma ddwy ohonynt:

Dail crin
Rwyt ti'n holi
beth yw gwerth dail crin
a dywedaf wrthyt
mai hwy yw maeth y ddaear ddolurus.
Rwyt ti'n holi
pam mae'n rhaid cael gaeaf
a dywedaf wrthyt
er mwyn blaguro dail newydd.
Rwyt ti'n holi
pam mae'r dail mor las
a dywedaf wrthyt
am fod y gwanwyn yn gryf ynddynt.
Rwyt ti'n holi
pam mae'n rhaid i'r haf ddarfod
a dywedaf wrthyt:
er mwyn i'r dail grino.

Dal dy afael
Dal dy afael yn yr hyn sy'n dda
er nad yw ond dyrnaid o bridd.
Dal dy afael yn dy gred
er nad yw
ond coeden unig ar fynydd.
Dal dy afael yn yr hyn sydd raid ei wneud
er bod y daith yno
yn faith o'r fan hon.
Dal dy afael mewn bywyd
hyd yn oed pan fo gollwng yn haws.
Dal dy afael yn fy llaw
er nad wyf yma mwy.

1. Yn y cerddi hyn mae'r mesur yn cael ei greu nid drwy ailadrodd penillion, ond drwy ailadrodd geiriau ac ailadrodd patrymau brawddegau. Rhowch sylw i'r hyn sy'n cael ei ailadrodd ym mhob cerdd.
2. Y perygl wrth ailadrodd yw i bob rhan o'r gerdd fynd yn ddynwarediad llonydd o'r hyn sydd wedi'i ddweud eisoes. Rhowch sylw i'r gerdd gyntaf ac esboniwch beth yw'r datblygiad o un frawddeg i'r llall. Beth yw'r uchafbwynt sydd yn niweddglo'r gerdd?
3. Yn yr ail gerdd, mae ystyr dyfnach y brawddegau cyntaf yn dod i'r amlwg yn y frawddeg olaf. Mae'r frawddeg olaf yn awgrymu'r rheswm dros greu'r gerdd. Beth yw'r rheswm hwnnw?

* * *

Dau adroddiad am yr un digwyddiad sydd yn y gerdd nesaf. Mae'r bardd yno yn y fan a'r lle yn gweld effaith damwain car ar ein rhan ni ac mae gohebydd newyddion o'i stiwdio yn cyflwyno'r ffeithiau am y digwyddiad i gynulleidfa ehangach.

Damwain
Mae'r gwaed yn goch ar y modur gwyn
Ac Arwyn yn wastraff ar hyd y ffordd.
Ar y metel yn grafion mae darnau o groen;
O gwmpas, picellau gwydyr a gwythiennau,
Rhychau o siwt a chnawd,
Cerrig wal, a'r car arnynt fel sgrech
Wedi'i fferru; aroglau rwber a phetrol.
Ac y mae'r meclin yn llithrig gan einioes.

Rhwygwyd hwn hyd y tar macadam
A'r haearn a'r maen –
Y bachgen byw.
Tywalltwyd y llanc ar y ddaear.
Daeth adnabod i ben yn y deugain llath hyn
Ar ddiwrnod o haul gwanwyn.
Dieithrwyd Arwyn gan angau.

'Clywsom,' meddai'r llais, 'fod damwain
wedi digwydd heddiw
Ar y ffordd yn y fan-a'r-fan
Pan aeth cerbyd hwn-a-hwn o'r lle-a'r-lle
I wrthdrawiad â'r clawdd.'

Clywsom ninnau hefyd,
A gwelsom.

Gwyn Thomas

GAIR AM AIR
picellau - gwaywffyn
rhychau - rhesi (o bridd fel arfer)
meclin - tarmac

Ymdrin â'r geiriau

1. Rhowch sylw i adroddiad y newyddiadurwr yn gyntaf. Pam mae'r bardd yn dewis cyflwyno rhannau o'r wybodaeth drwy ddywediadau fel 'fan-a'r-fan', 'hwn-a-hwn' a 'lle-a'r-lle'?
2. Beth sy'n bwysig i'r bardd ynglŷn â'r ddamwain felly? Beth yw'r hyn sy'n ei frifo, yn ei symud i sgwennu am y digwyddiad? Dewiswch un frawddeg sy'n crynhoi'r tristwch i'r bardd.
3. 'Clywed' a wnaeth y newyddiadurwr. Beth oedd y gwahaniaeth rhwng hynny a phrofiad y bardd?
4. Rhowch sylw i ddefnydd y bardd o gytseiniaid a chyflythrennu yn y rhan sy'n disgrifio'r ddamwain. Chwiliwch am eiriau sy'n ailadrodd yr un cytseiniaid. Pam, dybiwch chi, y mae'n defnyddio'r grefft hon wrth ddisgrifio'r gwrthdrawiad?

* * *

Cerdd am y ffordd y mae rhai dynion yn trin eu gwragedd a rhai meibion yn trin eu mamau yw'r nesaf. 'Yn y gegin mae'u lle nhw!' meddai rhai – yn union fel poli parot mewn cawell, yn ôl y dyfyniad sydd wedi ysbrydoli'r bardd.

Poli, ble mae dy gaets di?

Poli yn y gaets
a mam yn y gegin
yn berwi cawl cig mochyn
a Deio yn cael napyn.

Rhyw ddydd
daeth Poli allan
a safodd ar bolyn telegraff,
a dywedodd pawb:

'Poli, beth wyt ti'n neud fan'na?
Mae dy gaets di'n wag
hebot.'

Gwylltiodd Poli a dweud,
'Rwy am weld y byd
a gall parot hedfan hefyd'.

Yn y cyfamser
gadawodd mam y cawl i ferwi'n sych.

Menna Elfyn

GAIR AM AIR
napyn - cwsg bach

Codi cwestiynau

1. Mae tri chymeriad yn y ddrama fach hon. Pwy ydynt?
2. Pa ddau gymeriad sy'n gaeth yn y pennill cyntaf?
3. Sut y byddech chi'n disgrifio Deio?
4. A yw'r math o gig sydd yn y cawl yn gymorth inni feddwl am ddisgrifiad o Deio?
5. Mewn un gair, beth mae Poli yn ei wneud?
6. Awgrym sydd ym mrawddeg olaf y gerdd. Rydym yn cael gwybod nad yw mam yn gwylio'r cawl yn berwi mwyach. Beth, yn eich barn chi, y mae'r bardd yn awgrymu sydd wedi digwydd iddi?

* * *

Cerdd ar ffurf deialog yw'r olaf yn yr adran hon. Y lleoliad yw y tu mewn i gar ar daith hir ar lôn droellog. Yr A470 yw'r ffordd sy'n cysylltu Llandudno a Chaerdydd ac mae'n rhan o batrwm teithio blinedig llawer o Gymry. Ym mrawddegau'r teithwyr, mae darlun o'r daith yn dod yn glir inni:

Tro gwael ar yr A470

Be wela i efo fy llygaid bach i
ond rhywbeth yn dechrau efo 'T'.
Tro. Mynd am dro.
Tro yn y tarmac.
Cwm cam, afon ddolennog, llwybrau sgriw.
Tro ar ôl tro
a thro unwaith eto.
Pen dro a bol dro drachefn a thrachefn.
Dyna ydi tro yn y sêt gefn.

'Fyddan ni'n hir eto?'
'O le i le ydi dwy awr?'
'Be ydi enw'r pentrefi cyn y byddwn ni'n cyrraedd?'
'Hon ydi'r ffordd gyflymaf?'

Ac o'r tu blaen,
daw ateb clir a siarad plaen:
'Hon ydi hi. Mwynhewch yr olygfa.
Mwynhewch y caeau gwyrdd,
y coed a'r blodau fyrdd . . . '

'Dan ni wedi bod tu ôl y garafán yma ers oriau.'
'Pryd 'dan ni'n cael stopio?'
'Allwn ni ddim mynd yn gynt?'
'Gawn ni stori?'
'Dwi ddim yn licio'r casèt yma.'
'Hei, dos â dy benelin o fan'na!'
'Pryd ga' i eistedd wrth y ffenest?'
'Mae'r gwres yn mynd i fyny 'nhrwyn i.'
'Dwi'n oer.'
'Paid â chwythu arna i, ti'n dwyn fy ngwynt i.'
'Gawn ni fferan os gwelwch yn dda?'
'Pam wyt ti'n tynnu tafod fel 'na?'
'Mae hi'n pigo'i thrwyn rŵan.'
'Dwi isio diod.'
'Dwi isio pi-pi.'

Ac o'r sêt flaen,
rhagor o siarad plaen:
'Reit, dyna ddigon. Dim mwy o lol,
neu mi fydda i'n stopio'r car.
Dach chi'n lwcus ofnadwy eich bod yn cael gweld y wlad
Mae 'na rai plant nad ydyn nhw byth yn cael tro . . .'

Tawelwch.
Tangnefedd.
Tro arall.

'Dwi'n teimlo'n sâ-â-âl . . . '

Myrddin ap Dafydd

GAIR AM AIR
dolennog - troellog
fferan - losin, melysion, da-da

Holi, holi

1. Mae cyfeiriad at leisiau'r 'sêt gefn' a rhai'r 'tu blaen' yn y gerdd. Pwy biau'r gwahanol leisiau?
2. Pa gêm ddifyrru'r amser sy'n cael ei hadleisio yn y pennill cyntaf? Sut mae'r gêm yn y diwedd yn ein hatgoffa o ddiflastod y daith?
3. Mae sawl defnydd o'r gair 'tro' yn y gerdd. Sawl ystyr wahanol fedrwch chi ei ganfod? Pam fod awdur y gerdd yn chwarae â'r gair fel hyn?
4. Mae'r cwestiynau a'r gosodiadau cwynfanus yn cael eu rhestru mewn teip italig. Pe baech chi'n cyfansoddi cerdd fel hon, pa gwestiynau gwahanol y buasech yn eu cynnwys yn yr adran hon?

'Dwi isio gyrru'n syth i'th galon di'

Uned ar 'Ddisgrifio'

Dydan ni byth yn fodlon os na chawn ni gymaint o fanylion â phosib. ' – O, mi brynaist ti grys newydd, do? Pa liw ydi o? Sut ddefnydd? Sut goler? Pa enw sydd ar ei goler? Ym mha siop cest ti o? Beth oedd ei bris?'

Am gant a mil o bethau bob dydd, byddwn yn holi cwestiynau ac yn chwilio am ragor o fanylion er mwyn mynd mor agos at y profiad ag y medrwn. Mewn ffordd, troi profiad yn eiriau yw swyddogaeth iaith ac mae disgrifio yn rhan bwysig o hynny. Mae sawl gwahanol ddull o ddisgrifio a byddwn yn sylwi ar rai ohonynt yn yr uned hon.

Troi profiad yn iaith wna barddoniaeth hefyd. Wrth dynnu llun, byddwn fel arfer yn defnyddio camera, pensiliau, paent ac ati, ond wrth dynnu llun o'r profiad mewn barddoniaeth, rydym yn ddibynnol ar eiriau. Ac un o'r geiriau amlycaf wrth ddisgrifio, debyg iawn, yw'r ansoddair. Dyna destun y gerdd gyntaf.

Ansoddair

Dewis ansoddeiriau oedd ein tasg
y bore hwnnw yn y dosbarth bach.
Rhoddwyd inni frawddeg
heb ei gorffen,
a dewis o dri gair i'w chwblhau.

Cofiaf y frawddeg o hyd:
'Y mae tician cloc yn . . .'
Beth?
'Byddarol'; na.
'Dychrynllyd'; go brin.
'Cysurlon'; debyg iawn.

A'r athro yn gofyn i eneth am ei hateb.
'Dychrynllyd', meddai'r ddryswch fach.
'Na. Rhywun arall?'
Llaw i fyny.
Ie?
'Cysurlon', meddaf.

Ac yn ddigon aeddfed yn seithmlwydd oed
i beidio ag ymddangos yn falch,
ond nid mor aeddfed ag i beidio ag adrodd –
y snob bach hunangyfiawn –
ei hateb anghywir i'm rhieni
fel jôc y noson honno.
'Dychrynllyd', yn wir!

Neithiwr, wrth ddeffro am dri,
gwrandewais ar fy nghloc 'larwm rhad
yn medi'r munudau diffrwyth
yn ddiarbed.

Pa ansoddair sy'n addas i ddisgrifio
clywed oriau dy einioes yn gwaedu
fesul diferyn,
fesul trigain,
fesul blwyddyn,
i'r gwyll?

Wrth wrando tranc yr oriau yn y nos,
cofiais ateb yr eneth
y bore dibrofiad hwnnw,
a sylweddolais mai hi, wedi'r cyfan, oedd
yn iawn.

Grahame Davies

GAIR AM AIR
diffrwyth - da i ddim
diarbed - heb drugaredd
tranc - marwolaeth; angau

Chwilio a chanfod

1. Meddyliwch am ansoddeiriau eraill y gellid eu defnyddio i gwblhau'r frawddeg: 'Y mae tician cloc yn …'
2. Er bod tician cloc bob amser yr un fath, mae'n medru cael effaith wahanol yn ôl pryd, sut, lle ac ati y byddwn yn ei glywed. Ceisiwch feddwl am ansoddeiriau sy'n cyfleu tician cloc
    a) tua diwedd gêm gwpan bwysig, a'ch tîm chi'n curo o un pwynt
    b) yn y distawrwydd cyn dechrau arholiad
    c) ar gloc y dref yng nghanol stryd brysur.
3. Beth yw ystyr 'medi'r munudau'?
4. Doedd yr athro ddim wedi meddwl am yr holl brofiadau sy'n medru bod yn gysylltiedig â chlywed cloc yn tician cyn dweud bod yr ansoddair 'dychrynllyd' yn anghywir. Ceisiwch roi ansoddeiriau annisgwyl i orffen y llinellau hyn – ond gofalwch fod gennych esboniad am brofiad sy'n cadarnhau eich dewis o ansoddair:
    a) Mae'r siopwyr ar y stryd yn . . .
    b) Mae'r ddiod yn . . .
    c) Mae'r drws wedi'i baentio yn . . .

Yn y gerdd nesaf, mae nifer o eiriau newydd na ddown ni byth ar eu traws mewn geiriadur. Mae creu geiriau newydd yn rhan o hanfod a hwyl barddoniaeth erioed. Mae hefyd yn ffordd o gywasgu llinellau, a dweud mwy nag arfer gyda llai nag arfer o eiriau. Er enghraifft, cywasgiad o 'Mae o'n sgyrnygu ei ddannedd' yw gair cyntaf y gerdd hon:

Fedri di byth drystio alseshan

Dantsgyrnygwr,
Metelsgrytiwr,
Crombilchwyrnwr,
Ffensysgytwr,
Cadwyndynnwr,
Llygadfflamiwr,
Cawellfilwr:
Y fo ydi'r giard
ar yr iard.

'Ew!' meddai perchennog y tanc pawennog:
'Gwarchodwr da.
Mae'n llawn llabystio. Elli di byth mo'i drystio –
Does wybod beth wna . . .

'Dwi wedi'i weld o yn dal jac-do
A chythru cath;
Mi rwygodd lawes o ffrog athrawes –
Does flaidd o'i fath.'

Y prynhawn hwnnw, disgynnodd titw –
Cyw bach di-raen
O nyth yn y brigau at draed yr angau
Oedd yn sownd wrth djaen.

A dyma ninnau'n brathu'n tafodau
Wrth ddisgwyl i'r cnaf,
    y calongythrwr,
    y cnawdysglaffiwr,
    y perfeddrwygwr,
Ei lowcio'n braf.

Ond ni lyfodd, hyd yn oed, ei fwystfilweflau,
Dim ond gwylio'r bwndel bach du
Yn hopian o'i gwmpas, gan symud ei balfau
Mor ysgafn â phlu
I roi lle iddo sboncio yn ôl ac ymlaen:
Titwddotiwr, yn sownd wrth djaen.

A gwir y gair:
'Fedri di byth drystio alseshan'.

Myrddin ap Dafydd

GAIR AM AIR
llabystio - hwligan/ymddwyn fel llabwst
cythru - ymlid; hela; ymosod

Dan groen y geiriau

1. Mae'r gair 'alseshan' yn rhoi rhyw neges i ni yn syth. Beth yw honno?
2. Nid yw'r ci yn cael ei enwi yn ôl ei frid dim ond unwaith yn y gerdd. Ewch drwy'r gerdd i restru pob enw arall sy'n cael ei ddefnyddio amdano. Pa un sy'n rhoi'r darlun gorau i chi?
3. Mae'r perchennog yn falch o frolio na ellir trystio'r ci yng nghwmni pobol. Ystyr hyn iddo ef yw y gall ymosod yn ddirybudd ar unrhyw un. Pa ystyr sydd i'r dywediad 'Fedri di byth drystio alseshan' ar ddiwedd y gerdd?

Ymestyn
Ceisiwch feddwl neu ddychmygu rhywbeth arall sydd o natur gas a chreulon yn ymddwyn yn hollol annisgwyl. Ewch ati i greu enwau newydd iddo i ddisgrifio ei natur arferol ac un enw annisgwyl i fynegi'r profiad rhyfedd rydych yn sôn amdano.

* * *

Mae creu cymhariaeth – 'fel …' neu 'megis …' – yn ddull arall o ddisgrifio. Cymharu un profiad gydag un arall y byddwn ac mae hynny'n gymorth i roi lliw ar y dweud. Mae'r gerdd nesaf yn troi o gwmpas cymhariaeth:

Chwechawdau

Wyt ti wedi sylwi
sut mae trên yn gyrru'n
syth i ganol dinas

yn torri corneli'n
diystyru strydoedd
yn union i'r canol.

fel gwyfyn at gannwyll
fel trên dwi isio gyrru'n
syth i'th galon di.

Iwan Llwyd

Manylu ar y lluniau

1. Mae dwy gymhariaeth yn y gerdd, ond pa un yw'r un ganolog h.y. yn cynnal y rhan fwyaf o'r llinellau?
2. Mae'r ddwy gymhariaeth yn dweud rhywbeth ychydig yn wahanol i'w gilydd. Sut y buasech chi'n dweud bod 'fel gwyfyn at gannwyll' yn ychwanegu teimlad gwahanol i'r gerdd yn fwy na mynd yn syth, union 'fel trên i ganol dinas'?
3. Gorffennwch y frawddeg: 'Dwi isio mynd yn syth i'th galon di fel …'

Tynnu lluniau â geiriau yw'r dechneg yn y gerdd nesaf. Gweld un peth, ond edrych arno yn ddigon hir nes gweld amryw o bethau eraill. Mae'r barcud yn cael ei drosi yn gyfres o luniau ac mae pob llun yn ychwanegu at y profiad.

Barcud

Pysgodyn amryliw
ar linyn
yn gwingo a phlycio
wrth ddawnsio a phrancio
ar ewyn y cymylau.

Aderyn ar dennyn
yn gwibio,
yn chwyrlïo a phlymio
ar adenydd glas
y gwynt.

Deilen ar gortyn
yn baglu ar frigau'r awel
ac yn ffrwydro'n
dân gwyllt o fflachiadau.
Cawod o liwiau'r hydref
yn dallu'r haul.

Pryfyn
ar edefyn brau
wrth lamu a neidio
ar ganhwyllau'r sêr
yn dryllio
cadwyn ei gaethiwed –
ac yna'n diflannu.

Emyr Hywel

Dal y dychymyg

1. Mae pob un o'r pedwar llun yn darlunio natur aflonydd y barcud. Gwnewch restr o'r berfau y mae'r bardd yn eu defnyddio i gyfleu'r symudiadau hyn.
2. Pa luniau sy'n cyfleu natur liwgar y barcud yn y disgrifiadau ohono yn y gerdd?

> **Ymestyn**
> *Dyfalwch lun arall i'w ychwanegu fel pennill at y gerdd hon.*

Mewn papur newydd, mae calon pob stori yn cael ei chyfleu yn ychydig eiriau gafaelgar y pennawd. Mae'r pennawd yn creu llun yn y meddwl ac rydym eisiau rhagor o fanylion. Yn aml, bydd awduron y penawdau yn defnyddio cyflythrennu neu odl er mwyn creu sŵn da i dynnu sylw. Mae'r ddawn honno ar waith yn y gerdd nesaf e.e. y llinell 'Bardd Boncyrs yn creu Bedlam'. Mae'n rhaid bod yn eithaf slic, ffresh a ffraeth i greu pennawd da ac mae honno'n ddawn y bydd beirdd hefyd yn ei defnyddio ar dro – er mwyn denu clust y gwrandawr a rhoi cysgod o wên ar ei wefusau. Dawn debyg i'r cartwnydd ydyw mewn gwirionedd.

Bardd Boncyrs

Tri pheth sy'n gwylltio Ifor ap Glyn,
yn gwneud imi golli fy limpin yn lân,
a dyma'u rhestru nhw i gyd fan hyn

(1) y cosi cas ddaw o geisio cael cyntun
ganol pnawn mewn sach gysgu sy'n llawn
o greision caws a nionyn . . .

(2) neu rynnu'n noeth ar noson oer,
a 'nannedd yn cnoc-cnoc-cnocian unawd,
fel cnocell o dan y lloer

a'r oerni'n gwneud rhyw 'mini-Eryri'
o groen gwyddau ar fy nghnawd
tra bo'r oerwynt yn gweryru . . .

(3) neu'r sebonwyr a'r smoothies smal
gyda'u sibrwd isel a'r siarad sisial
na all neb ond y mwya' meinglust ei ddal

dwi'n gwylltio a myllio a gweiddi cymaint
nes y gallwn larpio'r paparazzi llipa
ddaw i dynnu fy llun i, yn fy nigofaint

er mwyn pupuro eu ffotos fflach
drwy'r papurau newydd dan benawdau pitw fel
'Bardd Boncyrs yn creu Bedlam'

– Pach !!!

Ifor ap Glyn

GAIR AM AIR
cyntun - cwsg
myllio - gwylltio
paparazzi - ciwed o newyddiadurwyr
digofaint - dicter, tymer ddrwg

Be ydi be?

1. Mae cyflythrennu yn elfen amlwg mewn 'dawn llunio penawdau papur newydd'. Astudiwch y gerdd a chwiliwch am y llythrennau sy'n ateb ei gilydd mewn gwahanol linellau ac ymadroddion.

2. Chwiliwch am y gwahanol eiriau sy'n mynegi 'gwylltio' yn y gerdd.

3. Mae'r oerni yn gwneud rhyw 'mini-Eryri o groen gwyddau'. Yr ymadrodd arferol am deimlad o 'lympiau ar groen' yw 'codi croen gwydd'. Mae'r bardd yn ymestyn y llun a'i chwyddo'n gartwnaidd fel bod y lympiau ar y croen yn ymddangos fel mynyddoedd. Chwiliwch am ymadroddion eraill sy'n dweud pethau mewn ffordd newydd yn y gerdd.

'Wrth feddwl amdanat ti'

Cerddi ar y thema: 'Ffansi a chariad'

Mae rhai pethau yn symbolau o fyd serch. Edrychwch ar gerdyn dydd gŵyl Santes Dwynwen neu gerdyn Sain Ffolant a chewch gasgliad go dda ohonyn nhw. Fedrwch chi ychwanegu at restr fel hon: calon, rhosyn coch, llwy serch . . . ?

Mae pethau eraill wedyn yn cael eu cysylltu â ffansi a chariad. Maen nhw'n rhan o'r ddelwedd, fel petai. Dyma'r math o bethau sy'n amlwg mewn hysbysebion a ffilmiau sy'n portreadu perthynas agos rhwng dau. Fedrwch chi ychwanegu at y rhestr hon? Cannwyll ar y bwrdd; cerddoriaeth felys, dawel; siampên i ddau; car cyflym . . .

Mae'r gerdd gyntaf yn yr adran hon yn troi o gwmpas symbol cryf a nerthol, sef y beic modur. Nid unrhyw feic modur chwaith, ond Harley-Davidson – y beic Americanaidd a farchogai'r actor Jack Nicholson mewn ffilmiau pwerus am ryddid a serch. Canwr roc-a-rôl yw Bruce Springsteen ac mae'i ganeuon yntau yn hybu'r un ddelwedd.

Fel Jack Nicholson
(ar ôl Bruce Springsteen)

'Dwi isio rhuo i ffwrdd ar Harley-Davidson efo ti
yn gafael fel gelen am fy nghanol i:

'dwi isio clymu dy goesau am y peiriant yn dynn
a gadael i'w bŵer ein gyrru ar ei garnau gwyn:

'dwi isio teimlo'r gwynt yn plethu'n gwallt
yn gudynnau o gariad, ac ar grib yr allt

'dwi isio aros am eiliad ac edrych 'nôl
ar droeon diddiwedd ein gorffennol ffôl,

'dwi isio tynnu'r sbectol dywyll a syllu i fyw
llygad yr haul sy'n creithio'r tir â'i hen friw,

cyn tanio'r sbardun a rhoi cyfandir o lôn
yn draffordd rhyngom a chŵyn y ffacs a'r ffôn:

'dwi isio hyn i gyd ar ein cyfer ni ein dau
cyn i'r dyfodol dyfu i fyny – cyn i'r gorwel gau.

Iwan Llwyd

GAIR AM AIR
gelen - creadur sy'n sugno gwaed ac yn gafael yn dynn
sbardun - haearn miniog ar y sawdl i'w ddefnyddio i gyflymu ceffyl wrth farchogaeth ond yn cael ei ddefnyddio am *throttle* hefyd bellach

---

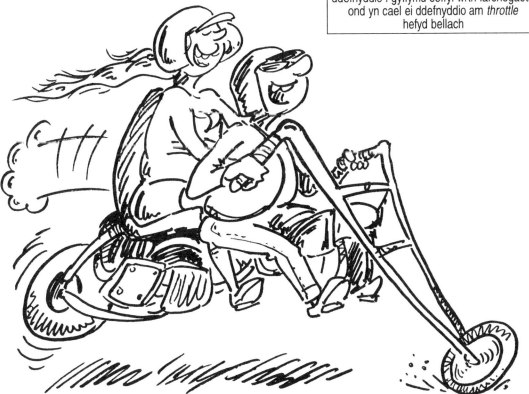

Chwilio a chwalu

1. Mae lluniau cadarn, cyffrous, cŵl yn cael eu consurio yn y llinellau hyn. Chwiliwch am y berfau a'r berfenwau y mae'r bardd yn eu defnyddio a sylwch mor bendant a phenderfynol ydynt: rhuo, ...

2. Mae'r un teimlad 'caled'/tyff yn yr ymadrodd 'syllu i fyw llygad yr haul'. Chwiliwch am enwau ac ymadroddion y tro hwn sy'n awgrymu grym.

3. Yr un enw sy'n tynnu'r cyfan at ei gilydd yw enw'r beic modur, Harley-Davidson. Hwn sy'n rhoi'r ddelwedd o ryddid, nerth a bod y byd wrth draed y rebel ifanc. Pam mae gyrru ar feic modur yn cyffroi darlun o hynny?

4. Mae'r 'efo ti' yn bwysig yn y llinell gyntaf gan mai dyna holl ddiben y gerdd. Ceisio denu cymar ar antur y mae'r bardd. Sylwch ar 'gorffennol ffôl' a 'chŵyn y ffacs a'r ffôn'. Dianc neu droi cefn y maen nhw – ond troi cefn ar beth?

5. Mae gwastadedd eang America i'w deimlo yn y gerdd yn ogystal. Chwiliwch am yr enwau a'r ymadroddion sy'n awgrymu hynny.

> **Ymestyn**
> Mae 'fel' yn rhan bwysig o deitl y gerdd. Mae bod 'fel' rhywun neu rywbeth yn bwysig ym myd roc-a-rôl a ffilmiau. Fel beth neu bwy y carech chi fod? Defnyddiwch rannau o'r gerdd fel patrymau i sgwennu ychydig linellau am ddarlun sy'n apelio at eich dychymyg chi.

* * *

Mae ailadrodd yr un geiriau ar ddechrau bron pob cwpled yn rhoi ffurf a phatrwm arbennig i'r gerdd gyntaf. Mae ailadrodd yn rhan o gynllun y gerdd nesaf hefyd:

Ti

Ti yng nghân yr wylan sy'n bodio ar y gwynt;
Ti mewn llun o Harrods sy'n costio tri chan punt;
Ti yw'r wennol arian sy'n gorffwys ar ei thaith;
Ti yw y Morris Minor sy'n dod â Dad o'r gwaith.

Ti yw'r weddi cyn y wawr a'r odl yn y gân;
Ti yw cwrw cyntaf nos a briwsion pice ma'n
Ti yw dail yr Hydref a'r enfys rhwng y llaid;
Ti yw'r sane wrth y tân i wisgo am fy nhraed.

Ti yw arogl yr heulwen a'r dagrau yn y don;
Ti yw'r Poli Parot sy'n byw 'da Wncwl John;
Ti yw'r gwanwyn hyfryd a'r pylle yn y de;
Ti yw y Pakistani sy'n gyrru'r bws i'r dre.

Cytgan:
Ti, dim ond Ti,
Dim ond Ti i mi.

Dewi Pws

Y geiriau'n gafael

1. Mae canu am serch mor hen â chân aderyn, siŵr o fod. Oherwydd hynny, mae pob cenhedlaeth yn dyfeisio lluniau newydd am bethau 'hyfryd' a 'mwyn' a 'dymunol' er mwyn eu cymharu â'u cariad. Mae'r hen a'r newydd fel ei gilydd yn y llinell gyntaf – mae'r wylan yn oesol ond mae 'bodio' yn perthyn i'r oes hon. Ewch drwy bob llinell i ddadansoddi ai 'oesol' neu o'r 'oes hon' yw pob darlun a geir.

2. Mae ambell lun 'annisgwyl' a doniol. Eto maen nhw'n sôn am bethau hoffus a chysurus. Lluniwch bennill ychwanegol, gan ddilyn yr un mesur a'r un ffurf ond gan ddefnyddio'ch dychymyg i greu lluniau newydd, cyfoes, 'annisgwyl'.

Penillion smala

Does dim rhaid i ganu serch fod yn siwgwraidd a meddal. Mae cymaint o deimladau cymysg yn cael eu gweu drwy'i gilydd ym myd serch fel nad yw'n syndod yn y byd bod asbri a siom yn cael eu mynegi mewn penillion ysgafn a ffraeth iawn – o dro i dro. Dyma hen bennill sydd wedi'i chanu gyda'r tafod yn y foch:

Rhestrwch

Pennill ysgafn yn dweud fod yna 'ddigon o bysgod yn y môr' yw hwn. Sylwch ar yr enw Fenws. Duwies serch oedd Fenws, neu Gwener yn Gymraeg ac ar ei hôl hi yr enwyd y blaned Gwener. Rhestrwch nifer o enwau eraill, fel 'Fenws' y gallem eu defnyddio wrth siarad â chariad. Cadwch at enwau caredig y tro hwn!

* * *

Dacw 'nghariad ar y dyffryn,
Llygaid hwch a dannedd mochyn,
A dau droed fel gwadan arad',
Fel tylluan y mae hi'n siarad.

> **GAIR AM AIR**
> *gwadan* - gwaelod esgid

Gollwng stêm

Pennill dychan yw hwn. Tynnu coes mewn ffordd galed, ddidostur yw 'dychan'. Tynnu blewyn o drwyn neu wneud hwyl am ben rhywun yw'r nod wrth ddychan. Rydym yn cael ein harwain yn y llinell gyntaf i feddwl mai pennill serch traddodiadol a hyfryd sydd yma, ond buan iawn y mae'r cywair yn newid. Beth am i chithau ollwng stêm a disgrifio 'cariad' (dychmygol) yn yr un arddull?

* * *

Paid â meddwl, Fenws dirion,
Ar dy ôl y torra' i 'nghalon.
Dwyt ti ond un o ddwy ar bymtheg
Os pelli di, mi dreiaf chwaneg.

Pan brioda Siôn a minnau
Fe fydd cyrn ar bennau'r gwyddau,
Ieir y mynydd yn blu gwynion,
Ceiliog twrci fydd y Person.

Tynnu lluniau

Ffordd ddiddorol, ddarluniadol o ddweud 'byth bythoedd!' ydi'r pennill hwn. Mae'r lluniau yn codi o fyd ffermio a bywyd pentref ers talwm. Ceisiwch feddwl am ffyrdd newydd o ddweud 'byth bythoedd' ond gan dynnu'r lluniau o'n byd a'n pethau ni heddiw. Ceisiwch gadw at rhythm y gwreiddiol; cadwch y llinell gyntaf (ond gallwch newid Siôn yn Siân os mynnwch) a cheisiwch lunio llinell i'w hateb a chreu cwpled yn gyntaf. Ewch ati i'w ymestyn yn bennill wedyn.

Siarad gyda'r cariad y mae'r gerdd nesaf. Mae nifer o ganeuon yn y Gymraeg sy'n gwneud hyn, fel y gwelsom gyda'r gerdd 'Ti'. Creu lluniau sy'n cynrychioli'r teimladau o gariad sydd yma eto:

Cariad

Ynot ti mae tân,
oglau Awst, tir glân
a'r gawod gân ar goed y gwanwyn.

Ynot ti mae ton,
gŵyl yn y galon,
unigolion yn wyn i'w gilydd.

Ynot ti mae taw
y llais, dim ond llaw
yn rhwyfo'r llaw ar fôr y lleuad.

Ynot ti mae taith
y tu hwnt i iaith
a hen, hen obaith hŷn na nabod.

Myrddin ap Dafydd

Ymateb i'r lluniau

1. Mae sawl darlun o frwdfrydedd bywyd a llam yr ysbryd yn y penillion byrion hyn. Rhestrwch nhw.
2. Ydych chi'n credu bod golau'r lleuad yn rhamantus? Pam hynny? Beth y mae'r llinell 'unigolion yn wyn i'w gilydd' yn ei awgrymu i chi?
3. Yn ogystal â bwrlwm geiriau, mae sôn am dawelwch yma. Chwiliwch am ymadroddion sy'n mynegi atal geiriau.
4. Sonnir yn y pennill olaf fod iaith yn annigonol weithiau i fynegi teimladau dyfnion. A oes gwahaniaeth rhwng iaith barddoniaeth ac iaith bob dydd yn hyn o beth? Pa enghreifftiau o ymadroddion sy'n wahanol i iaith bob dydd y medrwch eu canfod yn y pedwar pennill?

> **Ymestyn**
> Mae cariad yn rhywbeth greddfol bron, yn ôl y gerdd hon. Chwiliwch am linellau mewn caneuon roc a phop sy'n mynegi hynny – llinellau sy'n rhoi lluniau o gariad yn hytrach na siarad yn blaen amdano. Beth am lunio rhai eich hunain?

Ar gardiau serch, mae'n arferiad rhoi penillion bach swynol sy'n sôn am gariad sy'n para am byth. Mae dechreuad y pennill nesaf yn ein hatgoffa o un o'r rheiny:

Yr un hen gân
Glas ydy'r awyr,
A glas ydy'r lli;
Ti'n fy ngharu i,
A fi'n ei charu hi.

Gwynne Williams

1. Mae dau ddarlun o bethau sy'n gyson braf yn y pennill. Pa rai ydyn nhw?

> **Ymestyn**
> Mae'r teitl yn awgrymu bod rhai pethau sy'n gyson hefyd ond mae'r ddwy linell olaf yn annisgwyl. Eto, neges y pennill yw bod methu ym myd serch yn digwydd yr un mor gyson â llwyddo. Mae'r rhamantus yn troi i fod yn ddiramant wedi'r cyfan. Ceisiwch droi syniad rhamantus â'i ben i waered fel y pennill hwn. Efallai y cewch chi hi'n haws i sgwennu'r ddwy linell olaf yn gyntaf. Dyma un cynnig ichi:

Hardd yw'r rhosys cochion
Hardd yw blodau'r ddôl,
Dwi'n sbio arnat ti
Ti'm yn sbio'n ôl.

Siom mewn serch sydd yng ngherdd olaf yr adran hon hefyd, ond nid gwrthdaro rhwng darlun o serch rhamantus a methiant y byd go iawn sydd yma y tro hwn. Mae'r cyfan yn cael ei ddarlunio fel dwy ochr o'r un llun, sef y môr:

Llanw a thrai

Mae môr rhyngof a thi,
mae mur, mae mieri;
a geiriau'n cael eu hogi
wrth feddwl amdanat ti.

Does dim rhyngof a thi
ond ewyn hen ddifaru;
a gwawdio hallt yr heli
yn cusanu 'mreuddwydion i.

Elena Gruffudd

Meddwl am y llinellau

1 Mae glannau'r môr yn aml yn cael ei gysylltu â chariadon yn cyfarfod. Sut mae'r môr yn y llinell gyntaf yn wahanol i'r darlun arferol?
2. Sut y mae 'mur' a 'mieri' yn debyg i'r môr?
3. Rydym wedi clywed am y môr yn 'chwerthin' mewn barddoniaeth yn aml. Ond sut sŵn y mae'r môr hwn yn ei wneud i glustiau'r bardd?
4. Mae hallt yn golygu 'yn llawn halen' ac mae'r môr felly, mi wyddom. Ond a oes ystyr arall i 'hallt' yn y gerdd hon?
5. Mae 'cusanu' yn dangos cariad fel arfer. Beth, yn eich geiriau chi, sy'n cael ei ddangos yn y cusanu yn y llinell olaf?

Stori am un sydd wedi'i siomi ac yn gwneud ymdrech galed i lwyddo i ennill cariad sydd yn y gân nesaf. Mae hi'n paratoi i fynd allan.

Un yn ormod

Nos Sadwrn, mae'n saith o'r gloch,
Ma'n rhaid 'ddi fod yna erbyn naw,
Ma' hi'n diferu ar ôl cawod boeth,
Mae hi'n barod am unrhyw beth nawr.
Rhy hir yn dewis gwisg,
Mae'n mynd am y ffrog fach ddu
A ma' hi'n sibrwd rhyw hyder trist
Y bydd 'na rywun yno iddi hi . . .

Ma'r paent ar y gwinedd hir,
Ma'r Diorella'n y llefydd iawn,
Gwallt 'nôl a lliwie'r nos
Yn pwyso ar ei llygaid llawn,
Côt o goch ar wefuse oer
Sy'n ysu am gusanau poeth
A mae'n rhoi un arall i'w sicrhau
Yna mwy – ydi hynny'n ddoeth?
Mae'n rhoi . . .

  Un yn ormod – mae 'di neud e 'to,
  Un yn ormod – mae'n gneud hyn bob tro,
  Un yn ormod – pan does 'na ddim troi'n ôl,
  Pam mae'n mynnu mynd a dewis un yn ormod?

Mae'n cerdded at y bar
Fel na'th hi ganwaith a mwy o'r blaen,
Mae'r gwin yn mynd lawr mewn un
Yna mwy er mwyn cuddio'r straen.
Mae hi yn ei ffrog fach ddu
Yn gwbod bod 'na benne'n troi,
A mae'n cael un arall ac ar ôl hwn
Bydd ganddi gymaint mwy i'w roi.
Mae'n cael . . .
Un yn ormod . . .
Pryd ma' hi'n mynd i ddysgu fod un yn ddigon?
Pryd ma' hi'n mynd i gysgu hefo'r un sydd yn ei charu?

Nes mlaen ym mhendraw'r bar
Mae 'na lygaid yn edrych draw,
Drwy'r gwres mae o'n dod yn nes,
Yn cynnig cusan ar ei llaw,
Ei geirie'n ei ddenu'n nes
Drwy'r mwg a'r Chardonnay
Ond ma' un gair yn ei yrru'n ôl,
Dim ond un nad oedd yn ei le.
O na! Ma' hi 'di deud . . .

Un gair yn ormod,
Un yn ormod.

Caryl Parry Jones

GAIR AM AIR
Diorella - persawr
Chardonnay - gwin gwyn hyfryd

Teitl y gân yw'r gytgan hefyd, ond wrth i'r stori fynd yn ei blaen, mae'r ystyr yn tyfu o hyd. Dilynwch y llinellau sy'n dod o flaen pob cytgan ac eglurwch gormod o beth sy'n cael ei drafod:

a) wrth iddi ymbincio
b) pan yw hi wrth y bar
c) wrth glosio at ei phartner

Llyfryddiaeth

'Hen wlad fy nhadau (ac iaith fy mam)'
'Aros a Myned', Ceiriog	*Cerddi Ceiriog*, Hughes a'i Fab
'Hen wlad fy Dad', Aled Lewis Evans	Cyhoeddiadau Barddas
'Y Pentref Nesaf', Neil Rosser	*Barddoniaeth Bob Dydd*, Neil Rosser (casèt)
'Unffurf', Grahame Davies	*Adennill Tir*, Cyhoeddiadau Barddas
'Pam fod eira yn wyn', Dafydd Iwan	Cyhoeddiadau Sain

Baled
Ifan Pantyfedwen	Traddodiadol
'Yn Harbwr San Ffrancisco', J. Glyn Davies	*Fflat Huw Puw a cherddi eraill*, Gwasg Gomer
'Yr Hen Simdde Fawr', T. Eurig Davies	Eisteddfod Genedlaethol Cymru
'Ddaeth neb yn ôl', Meic Stevens	Cyhoeddiadau Sain/*I Adrodd yr Hanes*, Gwasg Carreg Gwalch
'Cân Victor Jara', Dafydd Iwan	Cyhoeddiadau Sain
'Guto Nyth Brân', I.D. Hooson	*Cerddi a Baledi*, Gwasg Gee

Cyflwyno bardd: Mihangel Morgan
'Y Gymdogaeth', Mihangel Morgan	*Sach gysgu yn llawn o greision*, Gwasg Carreg Gwalch
'Nant y Mynydd', Ceiriog	*Gweithiau Ceiriog*, Hughes a'i Fab
'Cân ger yr Afon', Mihangel Morgan	*Beth yw rhif ffôn Duw?*, Cyhoeddiadau Barddas
'Ping', Mihangel Morgan	*Sach gysgu yn llawn o greision*, Gwasg Carreg Gwalch
'Does dim byd goruwchnaturiol', Mihangel Morgan	*Diflaniad fy fi*, Cyhoeddiadau Barddas
'Rhyw ben-blwydd', Mihangel Morgan	*Sach gysgu yn llawn o greision*, Gwasg Carreg Gwalch

'Mae gen i bimpl melyn'
'Dacw alarch', Eifion Wyn	
'Nant y Mynydd', D. Jacob Davies	*Yr Awen Ysgafn*, Cyhoeddiadau Barddas
'Y Gwcw', Ceiriog	*Gweithiau Ceiriog*, Hughes a'i Fab
'Y Crwniwr', Anhysbys	*Yr Awen Ysgafn*, Cyhoeddiadau Barddas
'Alun Beatnic', D. Jacob Davies	*Yr Awen Ysgafn*, Cyhoeddiadau Barddas
'Robin goch', Twm Morys	*Briwsion yn y clustiau*, Gwasg Carreg Gwalch
'Penillion ar Lan y Môr', Mihangel Morgan	*Beth yw rhif ffôn Duw?*, Cyhoeddiadau Barddas
'Heno, heno, hen blant bach', Gwyn Thomas	*Darllen y Meini*, Gwasg Gee
'Yr Arddegau', Geraint Løvgreen	*Holl Stwff Geraint Løvgreen*, Gwasg Carreg Gwalch

'Pysgotwr unig'
'Yr Ysgol', Geraint Løvgreen	*Holl Stwff Geraint Løvgreen*, Gwasg Carreg Gwalch
'Hollywood', Brenda Wyn Jones	*Pigion Talwrn y Beirdd*, Gwasg Gwynedd
'Angor', Dic Jones	*Storom Awst*, Gwasg Gomer
'Riteirio', Wil Oerddwr	*Cerddi William Oerddwr*, Gwasg Gee
'Llyn y Gadair', T.H. Parry-Williams	*Casgliad o Gerddi*, Gwasg Gomer

'Gwifrau rhyngom ni a'r gelyn'
'Mab y Bwthyn' (detholiad), Cynan	*Cerddi Cynan*, Gwasg y Brython
'Nicaragua', Siôn Eirian	*Plant Gadara*, Gwasg Gomer
'Llaw ar y Palmant', Gwyn Thomas	*Wmgawa*, Gwasg Gee
'Y bachgen bychan a'r gacynen', Gwynne Williams	*Sach gysgu yn llawn o greision*, Gwasg Carreg Gwalch
'Cosb', Beirdd y Byd	*Pigion Talwrn y Beirdd*, Gwasg Gwynedd
'Ar y by`s yn Alabama', Gwyn Thomas	*Cadwynau yn y Meddwl*, Gwasg Gee

'Cyflwyno Elinor Wyn Reynolds
'Ma' Mam yn dweud . . .', Elinor Wyn Reynolds	*O'r Iawn Ryw*, Honno
'Blodyn Llyfr', Elinor Wyn Reynolds	*O'r Iawn Ryw*, Honno

'Ping-pong perthynas', Elinor Wyn Reynolds — *Sach gysgu yn llawn o greision*, Gwasg Carreg Gwalch
'Triongl tragwyddol', Elinor Wyn Reynolds — *O'r Iawn Ryw*, Honno
'Magu'r babi', Elinor Wyn Reynolds — *Sach gysgu yn llawn o greision*, Gwasg Carreg Gwalch

'Deg oed ar ddeg ceiniog y dydd'
'Ga' i fod yn Indian, Mam?', Iwan Llwyd — *Bol a Chyfri Banc*, Gwasg Carreg Gwalch
'Dilyn y bêl', Myrddin ap Dafydd — *Sach gysgu yn llawn o greision*, Gwasg Carreg Gwalch
'I Gruffudd', Ifor ap Glyn — *Golchi llestri mewn bar mitzvah*, Gwasg Carreg Gwalch
'Sgwrs ffôn', Lis Jones — *Sach gysgu yn llawn o greision*, Gwasg Carreg Gwalch
'Rhai pobl', Steve Eaves — *Croendenau*, Steve Eaves (casèt)

'Dyw e ddim yn rhy bert nac yn rhy hardd'
'Llygredd', Gwyn Morgan — *Sach gysgu yn llawn o greision*, Gwasg Carreg Gwalch
'Pentref Eira', Aled Lewis Evans — *Sach gysgu yn llawn o greision*, Gwasg Carreg Gwalch
'Ochr Treforys o'r Dre', Neil Rosser — *Ochr Treforys o'r Dre*, Neil Rosser (casèt)
'Ga' i ffarm', Meirion MacIntyre Huws — *Cywyddau Cyhoeddus 3*, Gwasg Carreg Gwalch
'Wyau', Margiad Roberts — *Brechdana banana a gwynt ar ôl ffa*, Gwasg Carreg Gwalch

'Amser i dewi ac amser i siarad'
'Dail crin/ Dal dy afael', cyf. Myrddin ap Dafydd — *Sach gysgu yn llawn o greision*, Gwasg Carreg Gwalch
'Damwain', Gwyn Thomas — *Ysgyrion Gwaed*, Gwasg Gee
'Poli, ble mae dy gaets di?', Menna Elfyn — *Aderyn bach mewn llaw*, Gwasg Gomer
'Tro gwael ar yr A470', Myrddin ap Dafydd — *Sach gysgu yn llawn o greision*, Gwasg Carreg Gwalch

'Dwi isio gyrru'n syth i'th galon di'
'Ansoddair', Grahame Davies — *Adennill Tir*, Cyhoeddiadau Barddas
'Fedri di byth drystio alseshan', Myrddin ap Dafydd — *Sach gysgu yn llawn o greision*, Gwasg Carreg Gwalch
'Chwechawdau', Iwan Llwyd — *Dan Anesthetig*, Gwasg Taf
'Barcud', Emyr Hywel — *Sach gysgu yn llawn o greision*, Gwasg Carreg Gwalch
'Bardd Boncyrs', Ifor ap Glyn — *Sach gysgu yn llawn o greision*, Gwasg Carreg Gwalch

'Wrth feddwl amdanat ti'
'Fel Jack Nicholson', Iwan Llwyd — *Dan Fy Ngwynt*, Gwasg Taf
'Ti', Dewi Pws — *Pws!*, Y Lolfa
'Cariad', Myrddin ap Dafydd — *Pen draw'r tir*, Gwasg Carreg Gwalch
'Yr un hen gân', Gwynne Williams — *Sach gysgu yn llawn o greision*, Gwasg Carreg Gwalch
'Llanw a thrai', Elena Gruffudd — *Sach gysgu yn llawn o greision*, Gwasg Carreg Gwalch
'Un yn ormod,' Caryl Parry Jones — *Eiliad*, Caryl Parry Jones (casèt)

DWY GYFROL ARALL I DDENU PLANT AT FARDDONIAETH

Pedwar Pŵdl Pinc a'r Tei yn yr Inc

Ymarferion elfennol sy'n delio, darganfod geiriau,
cael hwyl gydag odl a chyflythrennu a rhythm.
Addas ar gyfer CA1 a CA2.
Myrddin ap Dafydd; Cartwnau: Siôn Morris;
Gwasg Carreg Gwalch, 0-86381-529-4. £6.50

Armadilo ar fy mhen

Unedau sy'n cynnwys cerddi ar themâu: bwyd; môr; hamdden a'r gofod.
Cyflwyno beirdd a'u gwaith: Lis Jones, T. Llew Jones a cherddi gan blant.
Cyflwyno mesurau: limrig, triban Morgannwg a haicw.
Cyflwyno ffurfiau: cymharu a thynnu lluniau gyda geiriau.
Gol.: Myrddin ap Dafydd; Lluniau: Siôn Morris;
Gwasg Carreg Gwalch, 0-86381-625-8. £7

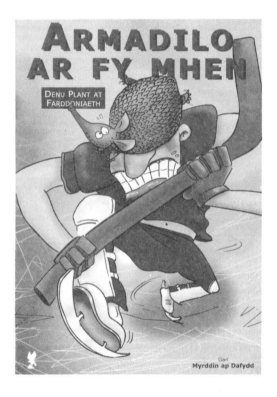